SEJA A RAINHA

DA SUA VIDA

Seja a rainha da sua vida

1ª edição: Julho 2025

O conteúdo desta obra é de total responsabilidade do autor
e não reflete necessariamente a opinião da editora.

Autora:
Larissa Topper

Preparação de texto:
Magno Paganelli

Revisão:
Gabrielle Carvalho
Rebeca Michelotti

Projeto gráfico:
Jéssica Wendy

Capa:
Bruno Ortega

DADOS INTERNACIONAIS DE CATALOGAÇÃO NA PUBLICAÇÃO (CIP)

Topper, Larissa
Seja a rainha da sua vida : as 7 estratégias para transformar a sua autoestima e seu relacionamento / Larissa Topper.
— Porto Alegre : Citadel, 2025.
208 p. : color.

ISBN 978-65-5047-488-1

1. Mulheres – Autoajuda 2. Mulheres – Autoestima 3. Mulheres – Poder 4. Relações humanas I. Título

25-2951 CDD - 158.1

Angélica Ilacqua - Bibliotecária - CRB-8/7057

Produção editorial e distribuição:

CITADEL Grupo Editorial

contato@citadel.com.br
www.citadel.com.br

Larissa Topper

SEJA A RAINHA

DA SUA VIDA

As 7 estratégias para transformar sua autoestima e seu relacionamento

CITADEL
Grupo Editorial
2025

SUMÁRIO

DEDICATÓRIA 7

AGRADECIMENTOS 9

APRESENTAÇÃO 11

INTRODUÇÃO 15

ESTRATÉGIA 1

DESMASCARANDO A ILUSÃO E CRIANDO UMA AUTOESTIMA DE RAINHA 23

Construindo uma autoestima de rainha 37

Novos hábitos para uma frequência positiva 45

BEM-VINDA A UMA JORNADA DE AUTOCONHECIMENTO E TRANSFORMAÇÃO PESSOAL 49

Exercício de reflexão e transformação pessoal 51

ESTRATÉGIA 2

EMOÇÕES REVELADAS – PROCESSANDO E LIBERTANDO 55

Sinais de que você precisa observar sua criança interna e bloqueios emocionais 61

Do ventre às emoções: a influência materna em nossa jornada 64

Exercício prático: descobrindo suas raízes 66
Reflexões sobre a infância e relacionamento materno 71
Do pai ao mundo: moldando nossa visão externa 72
Exercício de cura e conexão com a criança interior 76

ESTRATÉGIA 3

A PSICOLOGIA DO HOMEM **81**
Exercício de reflexão sobre percepções dos homens 88
Desvendando a "desmasculinização": como nossas ações podem transformar Reis em homens Leite Ninho 95
Homens não demonstram emoções 107
Os homens e o sexo 112

ESTRATÉGIA 4

OS 4 TIPOS DE HOMENS **121**
O Leite Ninho 124
O Bobo da Corte 130
O Nevasca 133
O Rei 137

ESTRATÉGIA 5

DESPERTANDO A RAINHA INTERIOR – UM GUIA PARA A FEMINILIDADE **143**
Perguntas & respostas 150
Pilares essenciais de uma Rainha feminina 156

ESTRATÉGIA 6

HÁBITOS QUE TODO CASAL DE REI E RAINHA DEVE TER 165

Hábito 1: Compartilhamento de raízes 168

Hábito 2: Cultivar a curiosidade 170

Hábito 3: Estabelecer um interesse comum 171

Hábito 4: Inovação na intimidade 173

Hábito 5: Priorizar o pedido de desculpas 175

Hábito 6: Iluminar com elogios 176

Hábito 7: Falar a linguagem de amor do parceiro 178

Hábito 8: Praticar a honestidade plena 180

Hábito 9: A arte de falar gentilmente 182

Hábito 10: Saber a hora de esfriar a cabeça 183

ESTRATÉGIA 7

CONSELHOS QUE EU DARIA PARA A MINHA FILHA – A ROTA DA FELICIDADE NO RELACIONAMENTO 185

Meu reino não precisa ser inimigo do seu 187

Cuide do outro, mas cuide de você primeiro 191

Saber ouvir é mais importante do que saber falar 195

Relacionamentos são como uma dança 198

MENSAGEM FINAL 203

Para quem é o VR? 203

E qual é a proposta exclusiva? 204

DEDICATÓRIA

Para todas as mulheres que buscam ser as Rainhas de suas vidas, que enfrentam desafios com coragem e transformam suas realidades. Que este livro seja um farol em sua jornada rumo à autoestima e ao relacionamento que você tanto deseja.

AGRADECIMENTOS

Agradeço a Deus, por me guiar e me colocar nos lugares certos para que eu estivesse aqui hoje, vivendo esse propósito e cumprindo a missão que Ele tem para mim. Agradeço profundamente a cada mulher que compartilhou sua história e me inspirou a escrever este livro. Aos meus mentores, que me guiaram no caminho do autoconhecimento e desenvolvimento pessoal. Ao meu marido, André, que me apoiou em cada etapa do caminho, que é o amor da minha vida, meu porto seguro e meu confidente. Ao meu filho, Arik, por ser minha maior fonte de inspiração e me fazer acordar feliz todos os dias. À minha irmã, que é minha melhor amiga e que incontáveis vezes me ajudou, olhando meu filho, para que este livro fosse escrito. À minha mãe, por tudo que fez por mim e que, mesmo sem perceber, me inspirou a seguir a mesma profissão que ela.

APRESENTAÇÃO

Olá, seja bem-vinda! Se você começou a ler este livro, já está no caminho para se tornar uma Rainha. Este livro é um convite à transformação pessoal. Aqui, compartilho não apenas conhecimentos teóricos, mas também experiências práticas e histórias inspiradoras de mulheres que redefiniram suas vidas.

As estratégias apresentadas são frutos de anos de estudo, prática e observação. Elas são projetadas para ajudá-la a se tornar a Rainha da sua própria vida, cultivando uma autoestima sólida e construindo relacionamentos saudáveis, mágicos e que durem a vida toda.

Escrevi cada página pensando em mulheres como você, que estão em relacionamentos nos quais não se sentem totalmente seguras ou valorizadas, e que enfrentam muitas brigas e um sentimento de falta, de vazio.

Este livro é o seu passo para se tornar soberana da sua vida e de suas relações pessoais, vivendo o destino que merece.

Você percebe várias áreas para melhorar no seu relacionamento, mas se sente cansada e sobrecarregada, lutando sozinha? Quando as coisas não vão bem, tudo ao redor perde o brilho, e você se sente desanimada? Esse ciclo exaustivo parece não ter fim, com você se esforçando, discutindo, às vezes até chorando, mas sem ver melhorias?

E se houvesse uma maneira de transformar essa realidade? Imagine seu relacionamento se tornando exatamente como sonhou, vivendo um verdadeiro conto de fadas. Eu vou compartilhar como iniciar essa transformação pessoal, interna, que reflete no seu relacionamento e na atitude do seu parceiro. Isso mudou a minha vida e a de milhares das minhas alunas e mentoradas.

Eu sou uma ex-insegura que já sofreu bastante nos relacionamentos até me encontrar no caminho do autoconhecimento, onde aprendi diversas técnicas e ferramentas que mudaram a minha autoestima e o meu relacionamento.

Fiz as mais conceituadas formações em Terapia Sistêmica e Constelação Familiar e me tornei uma referência na área. E cheguei a um lugar na minha vida que parece um sonho: eu me sinto plena, leve e feliz, e tenho um relacionamento no qual me sinto segura, valorizada e viva... um verdadeiro conto de fadas da vida real!

Resolvi criar o meu método para ensinar outras mulheres a viverem assim, como uma verdadeira Rainha. Hoje já são mais de 2 milhões de seguidoras nas redes sociais e milhares de Rainhas formadas no meu curso Vida de Rainha.

Este livro vai mostrar a você as sete estratégias para transformar sua autoestima e seu relacionamento. Essas estratégias foram inspiradas no meu curso Vida de Rainha. Portanto, prepare-se: elas vão mudar completamente a forma como você se enxerga e o que vive nos relacionamentos.

Esta será a jornada mais transformadora da sua vida, e a melhor decisão que você pode tomar é ler este livro e aplicar o que ensino aqui.

Já no próximo capítulo você vai entender exatamente por que eu posso conduzir você por essa trajetória de transformação que é se tornar uma Rainha da sua vida. Vou compartilhar minha jornada pessoal e como eu consegui abandonar padrões que me mantinham em relacionamentos que estavam muito abaixo do que eu merecia.

Seja bem-vinda a esta jornada transformadora.

Preparada? Então, vamos começar!

INTRODUÇÃO

Minha infância em Atibaia, um município tranquilo de São Paulo, foi marcada por uma mistura de calmaria e confusão. Por fora, a cidade exalava serenidade, mas dentro das paredes da minha casa, a história era outra.

Quando me viam passando na rua ao lado de minha mãe, que era muito bonita, e minhas duas irmãs igualmente lindas, com uma condição financeira de classe média, poderiam imaginar que estava tudo bem e que éramos pessoas vivendo uma vida boa.

Minha mãe, uma terapeuta, estava sempre imersa em suas próprias batalhas emocionais. Ela carregava um monte de traumas e bloqueios de sua infância, o que frequentemente transbordava em discussões acaloradas com meu padrasto. Suas brigas eram frequentes, e o barulho delas se espalhava por toda a casa, o que mexia muito comigo, que ainda estava crescendo e formando minha personalidade.

Da minha infância, eu só consigo lembrar da minha mãe sempre muito brava, com a cara fechada, muito crítica e muito ácida. Nunca sabíamos quando ela surtaria, quando começaria a berrar nem de quem seria a culpa pelo seu descontrole: do meu padrasto ou de nós, suas filhas. Hoje, compreendo que minha mãe fazia o melhor que podia, apesar das circunstâncias desafiadoras.

Ela enfrentou não apenas os maus-tratos e humilhações de meu avô, seu pai, mas também a ausência emocional de sua mãe. Essas experiências moldaram sua forma de ser, demonstrando uma força notável em meio a tanto sofrimento. Reconheço agora que ela deu muito de si, mesmo tendo recebido tão pouco em troca. Ainda assim, foi extremamente doloroso lidar com as cicatrizes emocionais que esses desafios deixaram nela.

Meu pai, por outro lado, era uma figura distante. Ele era mais uma sombra do que uma presença constante em minha vida, deixando um vazio que eu lutava para compreender e preencher. Minha mãe nutria um ódio profundo pelo meu pai, expressando com intensidade como ele nos tinha abandonado, como não nos amava. Segundo ela, meu pai era o pior homem do mundo e, como filhas dele, ela achava que acabaríamos herdando seus defeitos. Além disso, minha madrasta, a mulher com quem ele veio a se casar posteriormente, odiava minha mãe. Essa narrativa, carregada de ressentimento, era uma sombra constante em nossas vidas.

A combinação da presença tumultuada de minha mãe e da ausência de meu pai criou um ambiente familiar instável, onde eu frequentemente me sentia perdida e sozinha. Basicamente, eu só conseguia ver caos ao meu redor. Completo caos emocional.

Esses primeiros anos de vida foram fundamentais para moldar a minha percepção sobre amor e relacionamentos. As brigas e a tensão constante em casa serviam como um lembrete diário de que faltava um sentido de paz, estabilidade e amor incondicional. Eu desejava algo diferente, ansiava por uma realidade em que pudesse encontrar segurança e aceitação, não sabendo que essa busca me levaria a uma jornada de transformação profunda.

Na adolescência, em um esforço para escapar das tensões em casa, comecei a buscar refúgio em relacionamentos. Eu queria muito amor e aceitação, algo que sentia faltar no ambiente familiar. Vivi minha sexualidade muito cedo e, aos catorze anos, já consumia bebidas alcoólicas. Muito rebelde, frequentava baladas e vivia sem me preocupar com as consequências.

Aos quinze anos, comecei meu primeiro namoro e fui com tudo, torcendo para que ele preenchesse o buraco que a bagunça em casa tinha deixado em mim. Eu o via como um bote salva-vidas em meio àquela dinâmica, porque me trazia felicidade. Mas, ao invés de encontrar o conforto que tanto desejava, eu me deparei com uma realidade diferente e igualmente desafiadora.

Ferida e ainda imatura, mergulhei em uma repetição de padrões. As brigas com meu namorado eram frequentes. Eu sentia que ele não desejava estar comigo, que seu amor por mim não era tão forte. Eu me sentia invisível naquele relacionamento, como se ele não percebesse meu valor ou beleza. Ele nunca demonstrava ciúmes, enquanto eu era consumida por esse sentimento. Era uma luta constante. No fundo, eu estava espelhando tudo o que via em casa, tudo que tanto criticava em minha mãe. Eu a julgava duramente, mas, sem perceber, reproduzia o mesmo ciclo no meu namoro.

Depois de três anos, nosso namoro acabou e ele se afastou por completo, como se estivesse se livrando de mim. Isso me feriu profundamente; senti como se fosse morrer, especialmente porque já enfrentava uma vida difícil em casa. Rejeitada mais uma vez, me senti extremamente abandonada, um reflexo da falta de amor que sentia dos meus pais. Foi um período sombrio, marcado por ganho de peso, muitas espinhas na pele e um profundo desespero.

Até que me envolvi com um homem mais velho, buscando maturidade, mas acabei em outro relacionamento tóxico. Com coragem, decidi terminar, prometendo a mim mesma que só me relacionaria de novo com alguém que realmente valesse a pena, já que eu merecia amor e valorização.

Esses relacionamentos precoces refletiam os padrões que eu tinha vivido em casa. Em vez de estabilidade e compreensão, encontrei conflitos e inseguranças. Cada desentendimento, cada lágrima, era um espelho das brigas que eu ouvia entre as paredes da minha casa. Essa repetição de padrões me fez perceber, ainda que de forma inconsciente, que eu precisava buscar algo mais, um caminho diferente para encontrar a verdadeira aceitação e o amor que eu tanto desejava. Era o início de uma jornada que iria me transformar de maneiras que eu jamais poderia imaginar.

Depois de passar um tempo sozinha, conheci o André, e foi uma verdadeira montanha-russa de sentimentos. Ele era tudo o que eu sonhava: bem-sucedido, inteligente, alto, moreno, bonito e, principalmente, carinhoso e gentil. Era como se ele fosse feito sob medida para mim. Começamos a namorar muito rápido e logo estávamos morando juntos, num romance intenso. Eu achava que tinha encontrado o amor da minha vida, um daqueles de filme.

Mas aí, com o tempo, a realidade bateu. As brigas começaram a aumentar e eu me vi caindo nos mesmos padrões que via na casa de minha mãe. Tornei-me uma pessoa controladora, sempre desconfiada, achando que ele estava me escondendo coisas ou me enganando. Eu o criticava por tudo, sempre sentindo que faltava alguma coisa, que ele não estava 100% comigo. Eu queria mais, como um pedido de casamento, mais amor, mas sempre tinha algo faltando.

Essa relação acabou se tornando um reflexo das minhas próprias inseguranças e medos. Eu não me sentia valorizada nem priorizada. E assim ficamos dois anos, presos em um ciclo de insatisfação e desconfiança. Era um relacionamento complicado, cheio de altos e baixos, no qual eu lutava para encontrar equilíbrio entre o amor que eu queria e a realidade que a gente vivia.

Até que um dia, André disse para mim: "Larissa, não dá mais para aceitar esse seu jeito". Ele era pacífico, mas chegou a um ponto em que não queria mais viver naquele tipo de relação. Ele já tinha passado por isso antes e não queria repetir. Fiquei chateada, pensando: "Como ele se atreve a dizer que o problema sou eu?". Eu achava que ele era o problema, que não fazia o suficiente, que não me correspondia. Ele que deveria me pedir em casamento. Mas, no fundo, uma voz me dizia que eu também precisava olhar para dentro de mim, que algo em mim não estava legal.

Então, comecei a me envolver mais com o desenvolvimento pessoal. Parecia destino, sabe? Cursos e fontes de informação sobre isso começaram a aparecer na minha vida. Foi quando descobri a Teoria Sistêmica e as Constelações Familiares. Me apaixonei pela ideia, fiz um curso de Constelação Familiar e tudo começou a fazer sentido. Percebi que a gente costuma repetir padrões familiares, que vêm lá de trás, da minha mãe, avó, bisavó. Entendi que é possível ter relacionamentos felizes e saudáveis. Aprendi também sobre como nos escondemos atrás de certos comportamentos, como a mulher que está sempre brava e o homem que fica na dele. Descobri sobre falar abertamente dos sentimentos e sobre como carregamos as feridas da infância. Foi uma revelação incrível, e eu sabia que tinha que aplicar tudo isso no meu relacionamento.

Então, comecei a mudar, mas foi difícil. André e eu enfrentávamos resistências. Eu estava mudando e queria que ele mudasse comigo. Era complicado, mas não desisti. Dei o meu melhor e, quando menos esperava, André começou a mudar também. Ele assumiu a liderança, começou a fazer tudo o que eu queria em nosso relacionamento. E passou a ser mais atencioso, me dando flores sem motivo especial. Também começou a tomar mais iniciativa em casa, algo que ele não costumava fazer antes, pois era mais passivo. Ele decidiu cuidar das finanças, abria a porta do carro para mim, me pediu em casamento, me levava para viajar e vivia me elogiando. Estávamos vivendo os nossos dias mais felizes. Nos casamos e a nossa vida agora era muito mais leve, madura e saudável.

Quando minhas amigas começaram a perguntar o segredo do nosso relacionamento ter melhorado tanto, percebi que outras pessoas precisavam saber disso. Algumas delas, que sempre me pediam conselhos, até sugeriram que eu deveria ser terapeuta. E eu pensei: "Será? Eu, terapeuta? A mesma profissão que a minha mãe?". Até neguei esse chamado por um tempo e continuei no mesmo emprego, fazendo a mesma coisa. Mas parece que Deus estava mesmo me chamando. Toda hora eu dava conselhos, especialmente sobre relacionamentos. E quando fazia isso, nem via a hora passar. Amava tanto! Foi quando compreendi que eu nasci filha da minha mãe por um motivo, e que me tornar terapeuta era meu chamado.

Com coragem, larguei meu emprego anterior, onde não me sentia valorizada, e me tornei terapeuta sistêmica, me especializando em relacionamentos. Mas, para ajudar de verdade as pessoas, eu precisava criar uma forma de acelerar esse processo de transformação que demorou tantos anos para mim.

Será que havia alguma forma de ter essa mesma transformação em apenas alguns meses? Ou, quem sabe, em algumas semanas?

Eu sabia que sim. Era preciso apenas elaborar um passo a passo, com estratégias simples e práticas, para que toda mulher pudesse aplicar rapidamente e colher os resultados.

Foi então que nasceu o Método VR, que é a base do meu programa completo de transformação chamado Vida de Rainha.

As mudanças foram incríveis, com muitas mulheres transformando seus relacionamentos e vidas. Algumas estavam à beira do divórcio, outras nunca tinham sido pedidas em casamento, mas com o Método VR, suas vidas mudaram. Mulheres que viviam em relacionamentos tóxicos aprenderam a se valorizar e a encontrar homens maduros e protetores.

Foi tão transformador que decidi escrever esse livro. Meu maior desejo é que mais pessoas tenham acesso a esse conhecimento que mudou minha vida.

Por isso digo a você, querida leitora: o método Vida de Rainha pode mudar a sua vida!

ESTRATÉGIA 1

DESMASCARANDO A ILUSÃO E CRIANDO UMA AUTOESTIMA DE RAINHA

Uma Rainha é o símbolo da força feminina: uma mulher que abraça sua confiança e limites com clareza e coragem. Ela equilibra harmoniosamente sua energia feminina e masculina, demonstrando maturidade em seus relacionamentos. Dialoga com calma e assertividade, sem recorrer a brigas ou gritos. Financeiramente autônoma, gerencia sua carreira com dedicação e sabedoria.

Compreende que a fonte de seu poder e soluções que propõe está em seu interior, não buscando culpados externos para seus desafios. Com determinação, assume o controle de sua vida, transformando sua própria história.

Essa mulher reconhece sua perfeição, inclusive nas imperfeições. Sim, tem seus dias difíceis, mas os momentos alegres e positivos são muito mais frequentes e gratificantes.

É profundamente amada, desejada e valorizada por seu parceiro, cultivando um vínculo especial. Juntos, constroem um lar acolhedor e saudável para seus filhos.

Uma Rainha vive a vida que nasceu para viver!

Todos nós buscamos o propósito para o qual nascemos, mas a verdade é que a maioria não tem clareza sobre como alcançá-lo. É comum se sentir perdido, principalmente porque nossos maiores exemplos, como nossos pais e avós, também não tinham todas as respostas. Provavelmente, apenas repetiram padrões e histórias que começaram com gerações anteriores.

Nossos pais podem ter seguido os passos de nossos avós, que, por sua vez, podem ter repetido o que foi ensinado por bisavós. O que acontece é um ciclo contínuo em que as pessoas seguem reproduzindo padrões de comportamento absorvidos desde a infância.

A esse respeito, Carl Jung disse algo interessante: "Até você se tornar consciente, o inconsciente dirigirá sua vida e você chamará isso de destino". Essa ideia é central para o que quero compartilhar com você nesta estratégia.

Você talvez nem perceba o que a impede de ter um relacionamento digno de Rei e Rainha e uma autoestima maravilhosa.

Todas nós merecemos essas coisas maravilhosas, mas se não descobrirmos como desbloquear esses caminhos, acabaremos como muitas mulheres: perdidas, insatisfeitas, enfrentando conflitos constantes, divórcios, traições e olhando no espelho sem gostar do que veem. Sei que ninguém ensina como se relacionar, e é por isso que estou aqui: para mostrar o que ninguém mostra, porque isso não é algo que aprendemos normalmente.

Na escola aprendemos matemática, geografia, ciências, mas ninguém fala sobre desenvolvimento pessoal. Não nos ensinam sobre autoestima, nem como manter bons relacionamentos com pais, cônjuges ou filhos. Esses temas são deixados para que cada um descubra por si. Mas afirmo que é mais fácil do que parece, se você se permitir embarcar numa jornada de autoconhecimento, porque tudo, no final das contas, começa dentro de cada um de nós. Tudo inicia com a maneira como incorporamos ideias sobre quem somos e como são os relacionamentos.

Desde pequenos, aprendemos a nos relacionar observando nossos pais. A criança dentro de nós, aquela parte que deseja pertencer e ser amada pela família, começa a imitar o que vê, em geral sem perceber.

"Até você se tornar consciente, o inconsciente dirigirá sua vida e você chamará isso de destino."

CARL JUNG

Pare um momento e reflita sobre como era a relação entre seu pai e sua mãe. Será que sua mãe exaltava seu pai? Ela elevava a sua autoestima? Dizia que ele era um ótimo homem, forte, o provedor da casa, um bom companheiro, demonstrando admiração por ele?

E seu pai, tinha admiração por sua mãe? Ele trazia flores para ela sem motivo, era romântico, parceiro, apaixonado? Será que foi isso que você viu na infância? Provavelmente não.

A maioria das pessoas está presa a dinâmicas destrutivas, e existem alguns tipos de comportamento que tanto mulheres quanto homens assumem.

As mulheres geralmente assumem uma dessas três máscaras:

- **Tiranas:** são mulheres muito bravas, exigentes, controladoras, rígidas, que aprenderam que precisavam dar conta de tudo. Elas frequentemente não contaram com a presença de um pai em casa e, por isso, muitas vezes encontram dificuldades em confiar no gênero masculino, em reafirmar qualidades masculinas ou em enxergar aspectos positivos nos homens.
- **Submissas:** quietas, carentes, omissas, sem opinião, aceitando tudo, vivendo na sombra de homens abusivos, de homens muito bravos. Desde a infância foram condicionadas a pensar que suas opiniões não tinham valor. Acreditavam que precisavam se submeter para serem aceitas e que os outros eram sempre melhores e mais competentes do que elas.

- **Chantagistas:** agem como se não precisassem de homem nenhum. Tornam-se os próprios homens de suas vidas. Essas mulheres geralmente ficam solteiras por muito tempo, não conseguem se relacionar, sentem-se fechadas para o amor e muitas vezes são aquelas que são chamadas de tias da família: as tias que não se casaram, as tias que não vingaram. São mulheres que adoram fazer jogos emocionais e nunca param de se relacionar.

Às vezes, você pode se perceber como a tirana, irritada e brava. Em outros momentos, talvez se veja agindo de forma submissa, silenciando-se diante de algo que desagrada ou até chorando. E há ocasiões em que você pode se identificar com a chantagista, recorrendo à chantagem emocional. Isso é normal. Todos carregamos um pouco de cada uma dessas três facetas em nossa maneira de ser.

Eu mesma já fui tirana com meu marido dentro de casa. Mandava, controlava, diminuía, pensando que nada do que ele fazia era bom o suficiente. Sentia-me mais capaz que ele, achando que podia lidar com tudo sozinha, sem ajuda, e que precisava ser durona. Acreditava que ser gentil me deixaria vulnerável a traições. Por outro lado, quando estava na rua, eu me comportava de forma oposta, sendo extremamente submissa. As pessoas se aproveitavam disso, e eu tentava agradar a todos, agindo de maneira dócil.

Assim, vivenciei os dois extremos, o que é bastante comum, já que muitas de nós apresentamos mais de um tipo de comportamento.

Além disso, entenda que essas dinâmicas são comuns tanto a mulheres quanto a homens.

Falando sobre as dinâmicas masculinas, temos os seguintes tipos de homem:

- **Leite Ninho:** é o passivo. Esse tipo de homem geralmente depende de mulheres fortes para liderá-lo. Ele pode agir como um filho com você, ser aficionado por videogames, morar com os pais e ter uma forte ligação com a mãe, além de apresentar dificuldades para se casar ou assumir lideranças e compromissos.
- **Nevasca:** homem frio e distante, com uma postura mais machista, que evita falar sobre sentimentos e se abrir, podendo ser seco, bravo e, em alguns casos, opressor. Esse homem geralmente não aprendeu a gerenciar suas emoções e, provavelmente, não recebeu palavras de amor ou afirmação durante a infância. Os diálogos com seu pai eram limitados e superficiais, o que contribui para sua dificuldade atual em se expressar.
- **Bobo da corte:** aquele que é brincalhão e sociável, adora estar entre amigos, muitas vezes tem várias amigas mulheres, curte fotos nas redes sociais e pode até trair suas parceiras. Ele é o tipo que não compartilha a senha do celular, tratando tudo como uma grande brincadeira.

Como acontece com as mulheres, um homem pode ter características de mais de um desses tipos. Mas o ponto principal é que muitas pessoas se veem presas a esses padrões de comportamento.

As tiranas geralmente acabam com os homens Leite Ninho, as submissas com os nevascas, e as chantagistas, frequentemente, com os bobos da corte. Mas, independentemente da dinâmica em que você se encontra, é possível viver um relacionamento digno de Rei e Rainha. A mudança que você deseja no seu relacionamento pode e deve começar por você.

Afinal, o mundo externo é um reflexo do seu mundo interno. Se você não está bem consigo, isso se reflete em tudo ao seu redor. A maneira como vemos o mundo é influenciada por nossa própria perspectiva.

Vamos fazer uma analogia simples. Imagine se você vivesse em um quarto azul a vida inteira. Já ouviu falar na teoria do quarto azul? Se você passasse toda sua vida nesse quarto e alguém dissesse: "Olha, existe um mundo lá fora incrível, com cachoeiras, a Torre Eiffel, paisagens deslumbrantes e pessoas felizes", você, acostumada com o quarto azul, provavelmente não acreditaria. Pensaria que é impossível existir um mundo assim, porque nunca viu nada parecido.

Essa situação se assemelha ao que acontece em muitos relacionamentos. Quando falo sobre a existência de um relacionamento repleto de paixão, amor, respeito, um homem romântico e companheiro, e uma mulher leve e amorosa, que admira muito seu marido, muitas mulheres acham que isso é pura fantasia, um conto de fadas impossível de viver. Mas eu gosto desse desafio, de mostrar que elas estão erradas, que estão vendo o mundo através de uma perspectiva limitada, com óculos ultrapassados e que foram moldados pelas experiências de suas famílias.

É difícil acreditar na existência de homens fiéis se você cresceu vendo sua mãe sofrer em relacionamentos, ou acreditar em homens presentes e bons pais se seu próprio pai foi ausente. Eu entendo isso perfeitamente. Meu pai também foi ausente. Ele e minha mãe se odiaram por muitos anos, e eu senti muita falta dele. Então, quando me diziam que era possível ter um marido dedicado e um pai presente para os filhos, eu também duvidava.

Mas foi só mudando minha própria perspectiva interna que consegui desbloquear um mundo mágico lá fora.

Construir autoestima é como fazer uma limpeza interna, soltando o que nos prende, desbloqueando o que está bloqueado, e nos livrando de tudo aquilo que nos impede de vivermos plenamente.

Muitas vezes, acabamos descontando nossas frustrações internas nos nossos parceiros.

Reflita um momento sobre como você influencia o ambiente da sua casa e o clima do seu relacionamento. Se você não está bem, parece que tudo ao seu redor também não vai bem. Isso pode levar a discussões com seu parceiro, a dias ruins no trabalho e atrair negatividade. Tudo parece piorar porque seu humor influencia a situação.

Lembro claramente de um momento que foi um divisor de águas para mim. Estava no supermercado, irritada e estressada, e tudo o que meu então noivo fazia me irritava profundamente. Desde a maneira como ele escolhia maçãs até a forma como respirava. Naquele dia, em vez de descontar nele meu desconforto, decidi ser vulnerável. Disse a ele que não estava bem, que sentia vontade de discutir, mas sabia que não era culpa dele. Ao assumir a responsabilidade pelo meu estado de espírito, algo incrível aconteceu: ele sorriu, se sentiu validado e agradeceu por eu ser sincera sobre meus sentimentos.

Se você não está bem consigo, isso se reflete em tudo ao seu redor. A maneira como vemos o mundo é influenciada por nossa própria perspectiva.

Foi um momento muito revelador para mim. Antes, eu só sabia reagir com irritação e descontar nos outros. Sempre achava que os outros eram a causa do meu mal-estar emocional e que eu tinha razão para ficar brava. Mas naquele dia, descobri um novo mundo de possibilidades ao expressar meus sentimentos e admitir que não estava bem. Foi uma mudança significativa na forma como lidava com as emoções e as relações.

Eu costumava pensar que o problema era parcialmente dos outros, acreditando que não era minha culpa agir de determinada maneira. Porém, quando comecei a perceber que tudo vem de dentro e que o exterior tem pouco a ver com isso, passei a retirar dos outros a responsabilidade de me fazer feliz e de cuidar do meu bem-estar. Passei a assumir essa responsabilidade por mim. Foi como se uma explosão acontecesse em minha mente.

Lembro de um dia em particular, em que ele me tratou de certa maneira e, ao contrário de outras vezes em que eu estava estressada e acabávamos brigando, eu percebi que tinha o poder de trazer paz ou guerra para o meu relacionamento. Entendi que estava em minhas mãos escolher como eu queria passar meus dias e como queria viver minha vida.

Isso é o que eu quero que você compreenda hoje, lendo este capítulo. Até que você olhe para dentro de si e reconheça que uma parte de você contribui para as dinâmicas vivenciadas no seu relacionamento, e que você pode estar se sabotando e prejudicando a si mesma, nada ao seu redor irá mudar. Eu desejo ajudar você a romper com a ilusão de que não tem responsabilidade sobre a maneira como vive e como os outros a tratam.

As pessoas tendem a ser recíprocas em suas interações, e isso é uma característica intrínseca ao ser humano. Um exemplo disso pode ser observado em um estudo realizado para a série "100 Humanos", da Netflix. Nesse estudo, um crítico avaliou dois grupos distintos: o grupo A e o grupo B. O grupo A realizou uma apresentação considerada um pouco tola, girando bambolês. O avaliador escolheu criticar severamente o grupo A, diminuindo seus esforços e dizendo coisas como: "Que absurdo, vocês não fazem nada direito. É assim que vocês giram o bambolê? Meu cachorro faria melhor!". Eles foram tratados de maneira muito negativa. Por outro lado, o grupo B recebeu um tratamento totalmente diferente, com elogios e afirmações positivas do tipo: "Vocês estão indo superbem, estão incríveis, tudo está maravilhoso. Uau, que incrível!".

No dia seguinte, quando ambos os grupos tiveram que se apresentar novamente para o mesmo avaliador, o grupo A, que havia sido duramente criticado, apresentou um desempenho muito pior do que no dia anterior. Eles pareciam abatidos, desanimados, com baixa autoestima, sentindo-se retraídos, criticados e julgados. Enquanto isso, o grupo B, que havia recebido elogios, superou-se. Estavam mais confiantes, energizados e motivados, tudo graças aos elogios que haviam recebido.

Portanto, fica claro que somos seres humanos recíprocos. A maneira como somos tratados gera automaticamente uma reação no modo como respondemos a essa pessoa. Isso se aplica também aos nossos relacionamentos. Se escolhemos entregar o nosso pior ao outro, é provável que recebamos o pior em retorno. E, frequentemente, atraímos pessoas que refletem nossos medos e bloqueios, reforçando nossas crenças existentes.

Como mencionei, estava convencida de que os homens eram fracos, ineficientes e incapazes de fazer por mim o que eu considerava bom. Sempre me via como alguém que sabia mais e não podia depender deles. Consequentemente, acabei atraindo um homem que correspondia exatamente a essa percepção: ele era mais fraco, passivo, lento e dependente de uma mulher para liderá-lo.

Olhando para a história da minha família, percebo que minha mãe sempre foi uma mulher que criticava e diminuía os homens. E na família do meu marido, a situação era semelhante. A mãe dele era uma mulher que criticava e diminuía os homens. Isso fez com que ele acreditasse que, para ser amado, precisava desse tipo de reforço negativo das mulheres. Ele cresceu acreditando que ser amado significava ser criticado e diminuído, como sua mãe fazia com ele e com seu pai.

Ele aceitou essa realidade, assim como eu aceitei a minha, e nos atraímos pela energia de nossos traumas, repetindo esses padrões. Porém, se eu não tivesse escolhido mudar essa narrativa e assumir a responsabilidade pela minha parte, fazendo os 50% necessários para transformar essa relação, provavelmente ainda estaríamos presos na mesma dinâmica.

Nós, mulheres, somos incríveis e possuímos algo muito especial: a inteligência emocional. Quando decidimos implementar essa inteligência emocional em nossos relacionamentos, descobrimos que nosso cérebro é muito eficiente nesse aspecto. Ele tem uma capacidade maior de lidar com as emoções, graças às numerosas conexões entre os hemisférios direito e esquerdo. Isso torna mais fácil para nós administrarmos nossas emoções.

Os homens, por outro lado, possuem menos dessas conexões, o que significa que tendem a processar uma emoção por vez e podem ter mais dificuldade em introspecção. Eles são frequentemente mais lógicos e racionais, com características distintas das nossas. Mas, quando nós, mulheres, decidimos trazer o autodesenvolvimento para nossas relações, o resultado é extraordinário. Não há nada mais poderoso do que uma mulher que compreende isso.

Isso também é um princípio que está na Bíblia, não é? Como diz o provérbio: "A mulher sábia edifica a sua casa, mas a insensata a derruba com as próprias mãos". Essa é uma lição essencial que eu quero que você compreenda e internalize.

Ao começar a olhar para dentro de si e assumir a sua metade da responsabilidade, você tem o poder de transformar radicalmente a sua vida, a dinâmica familiar e influenciar positivamente as gerações futuras.

CONSTRUINDO UMA AUTOESTIMA DE RAINHA

Agora que compreendeu que a chave para um relacionamento digno de Rei e Rainha reside dentro de você, e que é essencial olhar para si a fim de liberar e desbloquear o que a impede de viver com leveza e trazer paz, amor e inspirar seu parceiro a ser um homem amoroso, atento, provedor e que realmente a escuta, é hora de entender que, para alcançar o que deseja no seu relacionamento, você precisa ser parte ativa dessa mudança. Vou explicar como você pode fazer parte dessa transformação.

Como vimos, quando não estamos bem conosco, projetamos e descontamos isso nos outros. Mas por que às vezes não nos sentimos bem? Vamos refletir:

- **Dias ruins frequentes:** por que você tem dias ruins, às vezes vários na mesma semana?
- **Autoimagem no espelho:** por que, ao se olhar no espelho, você frequentemente não gosta do que vê?
- **Comparação e insegurança:** por que você se compara a outras mulheres, seja a ex-namorada do seu parceiro ou alguém que você considera mais bonita na rua?
- **Medos no relacionamento:** por que surgem inseguranças, como o medo de ser traída ou a sensação de que seu parceiro não te acha mais tão atraente ou não te ama como antes?
- **Sentimento de desvalorização:** por que certas atitudes do seu parceiro a deixam insegura ou a fazem sentir como se ele não fizesse o suficiente por você ou não a amasse de verdade?

Considerar essas questões pode ajudá-la a entender por que você se sente dessa forma e como mudar essa percepção.

Nada acontece por acaso. A maneira como nos vemos e como percebemos o amor dos outros por nós revela muito sobre a nossa criação. Precisamos olhar para a própria infância a fim de entender como aprendemos a receber amor. Isso se conecta diretamente à nossa autoestima, ou seja, à maneira como nos amamos.

Quando falamos sobre desenvolver uma autoestima de Rainha, para transformar completamente a sua vida e fazer você se sentir uma mulher magnética, poderosa, linda, feminina e leve, e assim viver uma autoestima extraordinária que possa conquistar o homem que você quer inspirar, existem três pilares fundamentais que vamos explorar agora.

1º pilar: espelho da alma, a importância da criança que fomos

O primeiro pilar crucial é compreender a criança que você foi, pois ela influencia significativamente o restante da sua vida. As experiências e tratamentos recebidos de sua mãe, pai e outras figuras de autoridade na sua vida moldam a maneira como você se vê.

Se durante a sua infância você enfrentou situações complicadas, como receber críticas constantes, sofrer rejeição ou humilhação, sentir medo ou se ver em posição de inferioridade, se foi comparada a outras pessoas ou se não teve a oportunidade de expressar suas vontades e definir seus limites, e se muitas vezes sentiu que não era levada em conta, é possível que você tenha aprendido a se tratar dessa mesma maneira.

Basicamente, o modo como fomos cuidadas na infância tem um grande impacto em como cuidamos de nós mesmas na vida adulta.

Vamos refletir: quando você comete um erro, que tipo de voz surge em sua cabeça? É uma voz gentil e amorosa, que diz: "Tudo bem, errar é humano, você é uma pessoa incrível e todos cometem erros"? Ou é uma voz crítica, que te repreende: "Não acredito que você errou de novo. Que erro bobo. Você parece não aprender. Meu Deus, lá vai você novamente"? Ou talvez seja uma voz que te faz querer chorar, te vitimizando?

A resposta que você tem a essa pergunta revela muito. Raramente a voz que nos acompanha é incondicionalmente acolhedora, amorosa e gentil.

A realidade é que muitas mães, sobrecarregadas por rotinas caóticas, relacionamentos difíceis e baixa autoestima, acabam não tendo espaço suficiente para dedicar atenção e amor às suas crianças, para ajudá-las a desenvolver amor-próprio.

Frequentemente, mesmo quando essas mães demonstram amor, elas podem errar ao manter um relacionamento destrutivo com o pai da criança. Assim, a criança muitas vezes internaliza a culpa pelos problemas em casa, acreditando ser responsável tanto pelos desafios quanto pelas alegrias do lar. A criança, por natureza, costuma ser egocêntrica, e tende a atribuir a si mesma tanto as falhas quanto os sucessos do ambiente familiar.

Por exemplo, na minha experiência pessoal, eu era constantemente etiquetada como preguiçosa. Minha mãe sempre me criticava por não ser tão rápida quanto ela, por comer demais e por uma série de outras coisas. Ela não apenas me criticava, mas também criticava os outros constantemente. E, muitas vezes, eu me via refletida nessas críticas direcionadas a terceiros. Por exemplo, quando ela dizia que alguém não sabia escrever uma palavra corretamente e eu também não sabia, isso me afetava muito.

Cresci cercada por críticas e desenvolvi a crença de que eu não era boa o suficiente, de que precisava sempre provar meu valor, ser mais do que eu era, perfeita e impecável, porque quem eu era, por si só, não era suficiente.

Nos meus relacionamentos, isso se refletia na forma como eu interagia com os outros. Eu projetava essa necessidade de perfeição no meu parceiro, assim como minha mãe havia feito comigo. Viver com essa constante autocrítica era doloroso, e aprendi a ser extremamente crítica comigo mesma.

Refletir sobre as palavras que ouvimos durante nossa vida, especialmente na infância, é fundamental. Pense nas coisas que sua mãe, seu pai, sua avó ou qualquer pessoa que tenha tido um papel significativo na sua criação lhe disse. Vou deixar a proposta de alguns exercícios práticos para você no final deste capítulo.

No próximo capítulo, vamos explorar como podemos superar essas feridas emocionais e desenvolver amor e acolhimento por nós mesmas. Vamos aprender a nos dar o amor e o cuidado que talvez não tenhamos recebido na infância, cultivando um amor-próprio intenso e genuíno.

2º pilar: ecos familiares — entendendo as narrativas repetidas

O segundo pilar envolve compreender as mensagens e crenças que sua família, como um todo, tem perpetuado sobre as mulheres, sobre você e sobre a vida. Afinal, aprendemos muito com o que observamos e vivenciamos em nosso ambiente familiar.

Pense nas mensagens sobre mulheres que eram frequentemente repetidas em sua família. Frases como “Mulheres sempre se prejudicam”, “Mulheres têm que estar sempre alertas, porque podem ser abusadas”, “Não se pode confiar nos homens”, “Mulheres são fortes e independentes" ou "Mulheres são feitas para cozinhar e cuidar dos filhos".

Que tipos de comentários sua família fazia sobre outras mulheres? Talvez coisas como "Cuidado com as mulheres, elas podem roubar seu homem" ou "Mulheres não são confiáveis". Existia competição entre as mulheres na sua família? Como elas cuidavam de si mesmas, da sua aparência? Elas se mostravam zelosas e cuidadosas ou desleixadas, talvez até depressivas e descontentes com a vida? Como as mulheres da sua família demonstravam amor-próprio?

Tendemos a repetir os comportamentos e crenças de nossa família.

Subconscientemente, acreditamos que, para sobreviver no mundo, precisamos agir como nosso grupo. É um instinto primitivo de sobrevivência: se eu fizer como minha família faz, terei mais chances de sucesso.

Por isso, muitas vezes é tão desafiador mudar um hábito ou uma crença. No fundo, sentimos que mudar pode nos colocar em perigo. Isso explica por que as pessoas costumam ser mais fiéis às tradições e padrões da família de origem, mesmo quando isso significa honrar esses padrões através da dor e não do amor. Quebrar esses padrões e buscar a felicidade, explorar novos caminhos e conquistar algo diferente pode ser um grande desafio.

É algo bastante observado, especialmente nas constelações familiares, a ideia de "eu com você, ou eu por você". Essa criança interior que carregamos conosco tem um amor tão profundo por seu grupo, por sua família, que está disposta a se sacrificar por eles. Ela deseja viver as mesmas experiências, seguir os mesmos destinos difíceis escolhidos pelas mulheres da família, tudo em nome do pertencimento e da honra. Esse processo acontece de maneira inconsciente. Muitas vezes nem percebemos que estamos repetindo tais padrões.

"Como posso viver uma vida boa? Como posso ter e viver algo diferente do que minha mãe teve e experimentou?" Essas perguntas parecem quase inconcebíveis para a criança interior. Ela não consegue compreender como poderá trilhar um caminho diferente e, por isso, muitas vezes acaba se sabotando, vivendo exatamente o que a mãe viveu. Essa repetição de padrões é uma tentativa inconsciente de mostrar lealdade e amor pela mãe, mesmo que isso signifique perpetuar ciclos de sofrimento.

3º pilar: refletindo o eu — cultivando uma imagem interna positiva

O terceiro pilar que eu quero que você observe ao falar de autoestima é a reputação que você constrói consigo. O amor-próprio age em uma certa frequência. Quando você se sintoniza com a crítica, com hábitos prejudiciais como comer em excesso, passar horas no celular, negligenciar sua aparência, se autocriticar, se colocar em segundo plano, falar mal dos outros ou alimentar a inveja, você está vibrando em uma frequência negativa. E isso torna muito mais fácil continuar nesse ciclo de negatividade.

Além disso, ao manter esses hábitos destrutivos é como se você estivesse constantemente dizendo a si mesma que se odeia, que não está interessada em fazer nada que realmente seja benéfico para você. Isso afeta drasticamente a sua autoestima, pois sempre que você promete fazer algo bom para si mesma e não cumpre, acaba reforçando uma imagem negativa que tem de si. Você continua agindo de maneira autodestrutiva, criando no seu cérebro sinapses que perpetuam um caminho já conhecido e prejudicial.

Seu cérebro já se habituou a criar sinapses baseadas em padrões conhecidos. Por exemplo, toda vez que você se olha no espelho e faz uma autocrítica, ou quando está com uma amiga e critica outras pessoas por inveja, esses caminhos já são conhecidos pelo seu cérebro. Para mudar essa frequência e criar novos caminhos são necessários novos hábitos. Permanecer em uma energia negativa não vai trazer resultados diferentes.

Lembre-se: Rainhas fazem o que precisa ser feito.

NOVOS HÁBITOS PARA UMA FREQUÊNCIA POSITIVA

Autocuidado

- Você se exercita regularmente?
- Está sempre arrumada e na sua melhor versão?

Vida social e hobbies

- Você sai com amigas?
- Tem hobbies que são só seus?
- Escolhe bem suas amizades?
- Investe tempo de qualidade com seu parceiro?
- Se tiver filhos, dedica momentos de atenção plena a eles todos os dias?

Uso consciente do tempo

- Define um limite de tempo para o uso da internet?
- Passa tempo na natureza?
- Utiliza seu tempo livre de forma sábia?

Paixão e trabalho

- Você ama o que faz no trabalho?
- Investe em estudos e viagens?
- Persegue o que nasceu para fazer e seus sonhos?
- Costuma conversar com Deus?

Reflita sobre esses pontos, pois se você continuar vibrando em frequências baixas, isso é o que vai atrair para sua vida, e o seu cérebro continuará a seguir o que sempre fez, repetidamente.

Quanto mais você
vibrar no amor
e aumentar sua
reputação consigo,
mais fácil será para o
seu cérebro encontrar
novos caminhos
para funcionar e
começar a se amar
muito mais do que
já amou algum dia.

BEM-VINDA A UMA JORNADA DE AUTOCONHECIMENTO E TRANSFORMAÇÃO PESSOAL

Ao longo dos próximos sete dias, você será guiada por uma série de exercícios cuidadosamente elaborados para ajudá-la a refletir sobre as palavras e crenças internalizadas desde a infância, que podem estar influenciando sua autoestima e bem-estar atualmente.

Este é um convite para mergulhar nas profundezas do seu ser, identificar e transformar aquelas vozes internas que não servem mais ao seu crescimento.

Ao dedicar tempo para esta prática reflexiva e transformadora, você estará dando um passo significativo em direção a uma vida mais positiva e empoderada. Prepare seu caderno, abra seu coração e mente e embarque nesta jornada de autoamor e renovação.

EXERCÍCIO DE REFLEXÃO E TRANSFORMAÇÃO PESSOAL

Objetivo: ajudar a reconhecer e transformar palavras e crenças internalizadas que podem estar afetando sua autoestima e bem-estar.

Material necessário: caderno de anotações e caneta.

Duração: aproximadamente 30 minutos por dia durante uma semana.

Dia 1: Identificação

Lista de memórias:

- Dedique dez minutos para listar todas as frases ou palavras significativas que você lembra ter ouvido de figuras importantes durante sua infância.

Dia 2: Análise

Exploração de sentimentos:

- Escolha três frases da sua lista.
- Escreva como cada uma delas faz você se sentir e por quê.

Dia 3: Conexão atual

Repetição atual:

- Identifique situações recentes nas quais você repetiu essas palavras para si mesma.
- Anote as circunstâncias e seus sentimentos associados.

Dia 4: Compreensão

Raízes profundas:

- Reflita sobre porque essas palavras ficaram tão marcadas em você.
- Escreva possíveis razões e o que elas representam para você.

Dia 5: Reenquadramento

Transformação de palavras:

- Para cada frase ou palavra negativa, crie uma versão positiva e fortalecedora.
- Escreva como essas novas frases podem impactar seus sentimentos.

Dia 6: Prática de afirmação

Exercício de Afirmações:

- Diga as novas frases positivas em voz alta em frente ao espelho.
- Concentre-se em sentir sinceramente as palavras.

Dia 7: Reflexão e planejamento

Avaliação e planejamento:

- Reflita sobre como se sentiu durante a semana.
- Planeje como você pode continuar usando essas novas frases positivas diariamente.
- Comprometa-se a corrigir-se gentilmente sempre que notar padrões antigos emergindo.

Nota final: lembre-se de que mudanças profundas levam tempo. Seja paciente e gentil consigo durante este processo. Repita o exercício conforme necessário para fortalecer sua autoestima e bem-estar.

ESTRATÉGIA 2

EMOÇÕES REVELADAS — PROCESSANDO E LIBERTANDO

No capítulo anterior, iniciamos nossa jornada de exploração sobre como nossa autoestima e nossos relacionamentos estão profundamente entrelaçados com as experiências e sentimentos da nossa infância, com as impressões que incorporamos sobre como o mundo funciona e como homens e mulheres se comportam. Neste capítulo, vamos aprofundar ainda mais essa investigação. Vamos examinar com mais detalhe essas sensações e questões profundas que residem em nossa alma.

Sei que muitas de vocês podem estar sentindo medo neste momento. "Lari, será que consigo encarar isso? Será que quero mesmo enfrentar esses desafios?" É comum ter receio de mergulhar profundamente nesses dilemas, pois muitas vezes é mais fácil permanecer na posição de vítima, atribuindo aos outros a culpa pelos nossos problemas. A criança dentro de nós, com todas as dificuldades que enfrentou, criou mecanismos de sobrevivência, como se fechar, negar ou fingir que certas coisas nunca aconteceram.

Algumas de vocês podem pensar: "Ah, eu não vivi nada tão difícil assim", "Já passou, não foi tão grave" ou ainda "Foi muito difícil. Não quero olhar para isso". Essa tendência à negação ou minimização do que foi vivenciado, ou até ao exagero, são reações típicas da nossa criança interior que não conseguiu processar ou digerir bem aquelas emoções. Essa parte de nós pode resistir a enfrentar essas questões cruciais.

No entanto, algo essencial que você deve sempre lembrar é que, quando abre espaço dentro, você abre espaço fora. O mundo externo reflete o mundo interno.

Se estou carregando essas travas e bloqueios que muitas vezes nem percebo que existem, e os enfrento diariamente como um pano de fundo constante, é preciso uma quantidade imensa de energia para sustentar esses padrões de comportamento habituais e manter essas dores e pesos emocionais. Ao se permitir liberar essas cargas e se libertar delas, você se torna muito mais leve, pronta para aproveitar sua vida, para viver de forma mais plena, feliz e realizada. Você passa a oferecer mais compaixão, consideração e respeito aos outros e, principalmente, a si mesma. Tudo ao seu redor se transforma quando você abre espaço interno.

Se você evita olhar
para dentro, também
foge da possibilidade
de vivenciar tudo
o que deseja.

Quero deixar aqui uma frase para você se lembrar sempre: "adultas pagam o preço". Nós arcamos com as consequências das escolhas que fazemos para viver a vida que desejamos. O "preço", neste caso, é se aprofundar comigo nestas reflexões, para que você possa colher os benefícios que almeja.

Para recapitular, cada geração herda da anterior uma série de crenças, valores, desejos, sonhos, ideias, histórias, regras, abortos, mortes, exclusões, vícios, histórias trágicas, roubos, abusos, mitos e segredos. Isso cria uma cadeia contínua de informações que passa de geração em geração, formando uma espécie de nuvem de influências sobre nossas cabeças, moldando nossas ações. E, assim, somos fortemente inclinadas a replicar o roteiro de nossas famílias, a seguir as pegadas das gerações que nos precederam.

Isso é maior do que nós. Como mencionei no capítulo anterior, essa é a parte de nós que deseja pertencer ao grupo, mesmo que isso signifique sacrificar nossa própria felicidade para fazer o que os outros estão fazendo.

Ficou em dúvida se realmente possui esses bloqueios ou travas emocionais? Vou deixar aqui alguns exemplos que indicam a necessidade de prestar atenção à sua criança interna.

SINAIS DE QUE VOCÊ PRECISA OBSERVAR SUA CRIANÇA INTERNA E BLOQUEIOS EMOCIONAIS

Busca constante por validação:

- Pedir regularmente ao seu parceiro elogios, presentes e declarações.
- Ficar chateada se ele não elogia sua aparência.
- Sentir-se desvalorizada se ele não adivinha seus pensamentos ou sentimentos.

Dependência de atenção:

- Irritar-se quando o parceiro passa tempo com amigos ou faz algo por si mesmo.
- Exigir atenção exclusiva e contínua dele.

Reação a distrações:

- Ficar brava se ele não estiver totalmente focado em você durante as atividades juntos.
- Sentir rejeição se ele confere o celular brevemente.

Insegurança e ciúmes:

- Vasculhar as redes sociais dele em busca de algo suspeito.

- Sentir-se insegura na presença de outras mulheres que considera mais bonitas que você e monitorar o olhar do parceiro.

Sensibilidade e críticas:

- Insistir para que o outro atenda às suas expectativas, adotando uma postura dominadora e exigente.
- Estar sempre insatisfeita com o comportamento dele, criticando seus amigos, a maneira como ele mantém a casa, seu método de trabalho, entre outros.

Variações emocionais acentuadas:

- Chorar ou gritar durante as discussões.
- Descarregar nele as frustrações de um dia ruim no trabalho.

Tolerância a desrespeitos:

- Permitir que outros ultrapassem seus limites sem expressar descontentamento.
- Manifestar insatisfação, porém continuar tolerando comportamentos desrespeitosos.

Comportamento de confronto:

- Fechar a cara e sair andando durante as discussões.
- Ameaçar terminar o relacionamento frequentemente como forma de manipulação.

Veja, eu não quero que você fique chateada por ter esses bloqueios ou por fazer certas coisas. Pelo contrário, quero que você sinta uma espécie de alegria por finalmente estar acessando conteúdos que podem libertá-la dessa situação, que podem conduzi-la a lugares incríveis e possibilitar a vida com a qual você sempre sonhou. Desejo que você observe seu processo e se veja com curiosidade. Um adulto olha para as dores da sua criança interior com um desejo genuíno de entender o que aconteceu, quem ela é e quais sentimentos ela carrega.

Por outro lado, nossa parte interna mais rígida tende a olhar com crítica, e isso definitivamente não é o que eu quero para você.

DO VENTRE ÀS EMOÇÕES: A INFLUÊNCIA MATERNA EM NOSSA JORNADA

A verdade é que herdamos essas sensações e sentimentos. Já no útero de nossa mãe, absorvemos informações sobre quem somos, quem nossa mãe é e como é o mundo ao nosso redor. Se a gravidez de sua mãe foi particularmente difícil, desde o início da sua existência você pode ter internalizado um sentimento de rejeição. Por exemplo, se sua mãe considerou abortar ou se a gestação foi um grande fardo, você pode ter crescido com a sensação de ter sido um peso para ela.

Se seu pai se ausentou, deixando sua mãe sozinha para cuidar de você, isso pode ter influenciado a forma como você percebe os homens, como figuras que abandonam, que fogem, ou que a fazem sentir rejeitada por eles, como se houvesse algo errado com você.

Você começa a formar essas referências e percepções ainda no ventre de sua mãe. Tudo começa com ela, afinal nossa mãe é a fonte de nossa existência. Ela nos deu a vida e, de uma forma ou de outra, nos forneceu as ferramentas necessárias para nosso desenvolvimento no mundo.

É por meio dela que também recebemos alimento, proteção e cuidado. Se, por algum motivo, essa relação não foi fluida, leve ou tranquila, isso pode gerar profundos bloqueios de autoestima. Você começa a definir sua identidade baseada no que sua mãe lhe ofereceu e, muitas vezes, acaba sendo para si mesma a mãe que teve na infância.

Minha mãe, por exemplo, passou por uma tristeza profunda durante minha gestação. Ela passou quase toda a gestação chorando e acabou se separando do meu pai. Meu pai a deixou no meio do caminho devido a rumores e suspeitas de que eu não era filha dele e que minha mãe poderia tê-lo traído. Essa história acompanhou minha mãe durante toda a gestação. Ela ficou sozinha, sem meu pai, sem os móveis para o meu quarto, sem nada, até que o resultado do exame de DNA fosse conhecido.

Essa é a história conforme contada pela minha mãe, lembrando que toda história tem sempre dois lados: o do pai e o da mãe. Durante minha gestação, minha mãe sofreu intensamente, vivenciando crises de pânico e sentimentos de solidão. Com apenas dezessete anos, ainda na escola e grávida, ela se sentia rejeitada.

Como bebê, eu já estava absorvendo esses sentimentos de ser um peso para ela, de ser rejeitada por meu pai e talvez até por ela, que chegou a considerar o aborto. Eu senti que o mundo lá fora era hostil e desafiador. Inclusive, demorei para nascer, chegando ao mundo com 42 semanas, quase precisando de uma cesariana. Isso pode ser interpretado até mesmo como uma relutância em nascer, em vir ao mundo, pois a maneira como nascemos fala muito sobre nossa personalidade e o que viemos enfrentar nesta vida. Muitas pessoas que nascem de cesariana frequentemente sentem que o mundo não respeita o seu ritmo, que suas vontades não são consideradas, porque elas foram tiradas do útero antes de estarem prontas. Se foi uma cesariana de emergência, com risco de morte, isso também pode gerar a crença de que a vida é perigosa e difícil. Se foi um parto normal, mas com muita dificuldade e sofrimento para a mãe, isso pode gerar a sensação de ser um perigo ou um fardo para ela.

Essas são diversas crenças e sentimentos que começamos a internalizar desde que fomos concebidos.

Mas essa foi a minha história. Agora quero que você pare um pouco para considerar a sua.

EXERCÍCIO PRÁTICO: DESCOBRINDO SUAS RAÍZES

Objetivo: compreender as circunstâncias da sua gestação e início de vida, não importa qual o nível de relacionamento com sua mãe.

Materiais necessários:

- Caderno ou diário para anotações.
- Momento tranquilo para reflexão.

Passos:

Preparação:

- Encontre um momento e local tranquilos onde você possa se concentrar sem interrupções.
- Respire profundamente algumas vezes para se concentrar.

Reflexão pessoal:

- Antes de abordar o assunto com sua mãe, pense sobre suas primeiras memórias e o que você já sabe sobre seu início de vida.
- Anote sentimentos ou informações que você acredita estarem associados à sua gestação e primeiros anos de vida.

Conversa leve com a mãe (ou figura materna):

- Se possível, inicie uma conversa leve e indireta com sua mãe ou uma figura materna próxima. Pode ser durante um café, jantar ou um passeio.
- Em vez de perguntar diretamente sobre a gestação, você pode começar com tópicos mais gerais, como "Mãe, me conte como era a vida quando você estava grávida de mim" ou

"Quais são suas memórias mais queridas da época em que eu era pequena?".

- Se surgir naturalmente, fale sobre sentimentos, músicas, moda ou eventos da época para ajudá-la a relembrar detalhes.

Para quem não tem contato ou cujas mães já faleceram:

- Reflita sobre histórias que outros parentes ou amigos da família possam ter compartilhado sobre sua mãe durante sua gestação ou sua infância.
- Se possível, converse com esses parentes ou amigos da família para coletar essas memórias de maneira leve e indireta.

Análise e reflexão:

- Após a conversa ou reflexão, dedique um tempo para pensar sobre o que você descobriu.
- Anote no seu diário as histórias, sentimentos e insights que surgiram.

Ação final:

- Com base nas informações coletadas, pense em como essas histórias e sentimentos podem ter influenciado sua vida e autoimagem.

Nota final: este exercício é uma jornada de autoconhecimento e não precisa ser feito de uma vez. Permita-se tempo para absorver as informações e sentir as emoções que surgirem. Se necessário, busque apoio de um profissional para ajudar a processar suas descobertas.

Muitas mulheres cresceram ouvindo de suas mães o desejo de que fossem meninos, ou que o pai preferia um filho homem. Quando nascem, já carregam o peso de não atenderem às expectativas projetadas sobre elas.

Há também aquelas mulheres cuja chegada foi inesperada, não planejada; elas foram gestadas sem intenção, fazendo com que se sentissem como se fossem um fardo adicional para suas mães. Algumas se veem como o motivo pelo qual seus pais se separaram, ou acreditam que nasceram para manter unido um casamento já em ruínas, assumindo a responsabilidade de "salvar" a relação dos pais.

Há muito a descobrir sobre nós mesmas ao refletirmos sobre nossa gestação, nascimento e até sobre a amamentação. Algumas mulheres questionam se suas mães conseguiram ou quiseram amamentá-las, se o leite materno estava disponível em abundância ou se tiveram que recorrer à fórmula. Em alguns casos, toda vez que a criança chorava, a mãe recorria ao peito como solução, sem considerar outras necessidades que poderiam estar causando o choro. E sobre o sono, há mulheres que se perguntam se foram deixadas chorando sozinhas no berço.

Uma de minhas alunas, depois de aplicar o meu método, descobriu que sua persistente sensação de abandono teve origem em uma noite específica, quando foi deixada chorando no berço, pois a mãe acreditava que aquela era a melhor forma de agir. Desde então, ela aprendeu a suprimir seu choro, acreditando que não deveria esperar ajuda e que precisava lidar com seus problemas sozinha. Esse sentimento impacta profundamente como ela vive sua vida e como se relaciona com sua mãe.

É crucial examinarmos nossas expectativas, pois muitas das respostas sobre como vivenciamos nossos relacionamentos residem nelas, especialmente em relação à nossa mãe. Por exemplo, se sentiu falta da atenção materna, é bastante provável que você busque compensar essa falta procurando a atenção em seus relacionamentos amorosos. Você pode se encontrar constantemente implorando por mais atenção, expressando sentimentos como "Eu quero mais atenção. Sinto que você não me dá o carinho de que preciso". Eu mesma vivenciei isso; nunca senti que recebia atenção suficiente da minha mãe. Ela sempre parecia ocupada, sobrecarregada e exausta.

Outro aspecto que senti falta foi a aceitação. Eu não me sentia aceita, mas sim muito criticada, julgada e diminuída. Naturalmente, em meus relacionamentos, eu ansiava por aceitação. Eu constantemente pedia: "Quero que você me aceite do jeito que eu sou. Por que você não pode me aceitar?". Qualquer crítica me fazia sentir extremamente julgada.

Portanto, frequentemente, aquilo que desejávamos ter recebido de nossos pais, especialmente de nossas mães, se reflete no que buscamos em nossas relações amorosas. Nós tendemos a procurar, muitas vezes de maneira inconsciente, aquilo que nos faltou na infância. Se permanecemos com uma mentalidade infantil perante a vida, na realidade acabaremos buscando nos parceiros amorosos a figura do pai ou da mãe que nos faltou.

Ainda focando essas experiências da primeira infância, do zero aos sete anos de idade, vou deixar aqui mais um exercício prático para você.

REFLEXÕES SOBRE A INFÂNCIA E RELACIONAMENTO MATERNO

Refletir sobre a infância e o relacionamento com nossa mãe é um convite a mergulhar em águas profundas e pessoais, que moldam significativamente quem somos hoje. Este convite não busca apenas resgatar memórias dos primeiros sete anos de nossas vidas, mas também explorar as nuances da conexão materna que tanto nos influencia.

Convido você a se permitir este momento, revisitando eventos que marcaram sua infância, e reconhecendo emoções e expectativas que talvez tenham sido deixadas sem voz. Ao ponderar sobre o amor, apoio e entendimento esperados, você também poderá identificar aquelas expectativas que foram plenamente atendidas ou que, porventura, ficaram aquém do desejado.

Nesse processo é importante reconhecer nossa mãe como uma pessoa plena, com suas lutas pessoais, limitações e conquistas. Essa visão nos permite abraçar uma compreensão mais ampla e empática, reconhecendo que, assim como nós, elas são seres humanos complexos e multifacetados.

Se tiver vontade, expresse esses sentimentos e reflexões através de uma carta. Isso pode ser de grande valor para o seu processo de cura e autoconhecimento. Mesmo que essa carta nunca seja enviada, ela servirá para externar seus sentimentos. Essa prática nos permite liberar emoções retidas e dar passos significativos em direção ao entendimento e à reconciliação com nosso passado.

Por fim, é essencial conscientizar-se a respeito do amor e compaixão para consigo, reconhecendo que sua vida é o resultado de uma teia de influências, mas também que você é capaz de tecer seu próprio destino, aprendendo com o que vivenciou.

Como pode ver, a influência da relação com nossa mãe é profunda. Segundo Bert Hellinger, a mulher herda de sua mãe a força e a coragem necessárias para se abrir e se entregar a um homem. Esse legado materno é fundamental para a forma como a mulher se relaciona e se conecta em seus vínculos amorosos.

DO PAI AO MUNDO: MOLDANDO NOSSA VISÃO EXTERNA

O papel do pai transcende a esfera da vida pessoal, o mundo interno e a autoestima individual. Na verdade, a figura paterna está mais associada à nossa interação com o mundo externo, com os desafios que enfrentamos, com nossa carreira profissional e com as trocas e relações que estabelecemos com outras pessoas. Nossa relação com o pai é mais uma extensão para fora, não para dentro.

Percebemos muito sobre nós mesmas através de nossos pais, o que observamos neles e o que internalizamos, inclusive aquilo que nossa mãe nos comunicou sobre ele. Interessantemente, é a mãe quem dá permissão para que a criança, a mulher, se aproxime do pai, para que essa criança se sinta validada em se dirigir ao pai e sinta que tem permissão para amá-lo. Quando crianças, temos uma simbiose com a mãe, um vínculo muito forte; a criança e a mãe são quase um só ser. Assim, tudo o que a mãe expressa sobre outras pessoas é absorvido pela criança como verdade, como a forma segura de enxergar o mundo. Se através da mãe a criança percebe que o pai não é seguro, que não é bom ou que não é uma pessoa positiva, ela tenderá a rejeitar o pai e, por extensão, rejeitará parte de si mesma, pois somos 50% do nosso pai. Ao rejeitar o pai por qualquer motivo, estamos também, de certa forma, rejeitando uma parte de nós mesmas.

É comum herdarmos os scripts da nossa mãe sobre os homens e sobre o nosso pai e repetirmos frases como: "Seu pai é ausente", "Seu pai é fraco", "Seu pai é infiel", "Seu pai nos abandonou". A mãe projeta toda a carga de sua experiência com nosso pai, enquanto homem, para nós, como pai. Então, quem ele foi para ela como parceiro é percebido como quem ele é para nós como pai. Mas a história dela com ele, como companheiro, é diferente e não devemos ver essa relação da mesma maneira.

Precisamos formar nossas próprias crenças sobre nosso pai, criar nossas próprias verdades. Afinal, foi nossa mãe que escolheu esse homem para ser pai de seus filhos, seja de maneira inconsciente ou consciente. Quando muitas mulheres se isentam de responsabilidade e se colocam como vítimas dos homens que passaram por suas vidas, estão agindo como se não tivessem escolha sobre o que aconteceu. Mas elas tiveram escolha e muitas se envolveram com pessoas que já demonstravam sinais de que não seriam parceiros presentes ou disponíveis, e mesmo assim prosseguiram.

Por que, então, muitas vezes essas mães se relacionam com homens que não são bons para elas? Porque elas viram suas próprias mães, avós e bisavós fazendo isso. Como mencionei, é uma história que se repete de geração em geração. Portanto, entre você e o seu pai, existem todas as crenças das mulheres da sua família.

Você pode estar atraindo homens que refletem as mesmas dinâmicas que sua mãe vivenciou com seu pai. Mesmo jurando que não repetiria os mesmos erros, você se vê enfrentando problemas e dificuldades semelhantes aos vividos por seus pais. Portanto, para transformar essa realidade e cultivar um relacionamento digno de Rei e Rainha, é essencial que você comece a entender qual é a verdadeira natureza da relação com seu pai, formando suas próprias conclusões, sem a influência das percepções de sua mãe.

Quando iniciei esse processo de compreensão, não olhei apenas pelo lado da minha mãe, com quem inicialmente eu tendia a concordar, já que as crianças geralmente tomam partido em situações familiares. Eu busquei entender meu pai, perguntando-lhe diretamente sobre sua perspectiva dos eventos. Minha mãe dizia: "Seu pai nos abandonou porque achava que você não era filha dele. Ele nos rejeitou". Mas, ao ouvir a perspectiva do meu pai, percebi que para ele a suspeita de traição e a dúvida sobre a paternidade eram profundamente dolorosas. Sentir-se traído ou enganado é devastador, e naquela época, obter um teste de DNA era um processo longo e caro. Portanto, para ele, também foi uma situação extremamente difícil, vivendo com a incerteza sobre ser ou não meu pai. Olhando apenas pelo lado da minha mãe, eu via meu pai como um homem terrível.

Talvez, ao considerar somente a perspectiva da sua mãe, você não consiga perceber o amor do seu pai por você, como se estivesse bloqueando a possibilidade de amor e apoio dos homens na sua vida.

Minha mãe sempre me contou que meu pai não estava presente no meu parto, que ele não esteve lá ou ajudou de maneira significativa, e que quem estava ao seu lado era minha avó. Por outro lado, meu pai tem lembranças claras de estar lá, segurando as pernas da minha mãe enquanto eu nascia, de ter presenciado o exato momento do meu nascimento e de ter chorado intensamente de alegria por minha chegada.

O que eu quero que você entenda é como cada um de nós, e eles também, cria suas próprias versões dos fatos baseados em suas percepções e realidades. Mas então surge a questão: em quem acreditar? A verdade é que não se trata de quem está certo ou errado. Cada um tem a sua verdade. Como adulto, você formará suas próprias conclusões, compreendendo que há sempre dois lados em toda história e que raramente existem vilões e vítimas absolutos. As pessoas agem conforme as crenças e comportamentos que herdaram.

Meu pai foi influenciado por uma linhagem de comportamentos e crenças passadas de geração em geração, criado pelo meu avô, sob determinadas premissas. Ele cresceu com uma desconfiança intrínseca, um medo de ser enganado, típico de sua herança cultural. Minha mãe, por outro lado, teve um pai ausente e rejeitador e é natural que ela tenha se sentido rejeitada pelo masculino e atraída por alguém que a rejeitasse.

Como adulta, consigo olhar para essa narrativa de maneira diferente, reconhecendo meu pai pelo que vivi com ele, separando as histórias e experiências. Talvez você também tenha percebido seu pai como alguém que não foi o que você precisava ou esperava ter. Mas é essencial lembrar que seu pai também tem uma criança ferida dentro dele, é uma pessoa com suas próprias dificuldades, bloqueios e traumas, e que ele agiu da melhor maneira que pôde naquele momento.

Reconheço que é difícil, e antes de tentarmos resolver questões com nossos pais, precisamos entender a complexidade dessas relações e as muitas camadas de percepções e emoções que as envolvem.

Vamos a mais um importante exercício?

EXERCÍCIO DE CURA E CONEXÃO COM A CRIANÇA INTERIOR

Objetivo: acessar e reconfortar sua criança interior, reconhecendo e acolhendo suas dores e medos para promover cura e compreensão.

Materiais necessários:

- Um espaço tranquilo e confortável.
- Lenços (opcional, caso sinta a necessidade de chorar).

Duração: entre 20 e 30 minutos.

Passos:

Preparação:

- Encontre um local calmo onde você possa se sentar ou deitar confortavelmente sem interrupções.
- Respire profundamente algumas vezes para se centrar e relaxar.

Visualização da criança interior:

- Feche os olhos e respire profundamente várias vezes até sentir-se relaxada.
- Visualize sua criança interior. Pense em como ela se parece: suas roupas, expressões e gestos.
- Observe os sentimentos que ela carrega: quais são seus medos? Suas dores? Suas alegrias?

Acesso às memórias:

- Permita-se lembrar de momentos difíceis da sua infância. Acesse essas memórias com gentileza e compaixão.

- Se durante o processo você sentir vontade de chorar ou gritar, permita-se expressar essas emoções. Este é um espaço seguro para você.

Diálogo e conforto:

- Em sua visualização, aproxime-se dessa criança. Imagine-se como a adulta que você é hoje, com mais força e sabedoria, abraçando e ninando sua criança interior.
- Diga a ela palavras de conforto e amor, palavras que você gostaria de ter ouvido naquela época. Reassegure-a de que ela é amada, valiosa e que suas emoções são válidas.

Integração e proteção:

- Imagine que sua criança interior fica cada vez menor, até se tornar pequenina o suficiente para caber em seu coração.
- Visualize-se colocando essa criança no seu coração, prometendo sempre cuidar dela, protegê-la e amá-la.
- Sinta a presença dessa criança dentro de você, segura e amparada.

Retorno e anotações:

- Quando sentir que o processo está completo, traga sua consciência de volta para o presente.
- Abra os olhos lentamente e respire fundo algumas vezes.
- Se desejar, anote suas experiências, insights e sentimentos em um diário. Isso pode ser útil para futuras reflexões.

Nota final: este é um exercício poderoso e pode trazer à tona emoções intensas. Se sentir que precisa de apoio adicional, considere procurar a orientação de um terapeuta ou conselheiro. Este exercício pode ser repetido sempre que sentir necessidade de reconectar-se e acolher sua criança interior.

....

....

....

....

....

....

....

....

....

....

....

....

....

....

....

....

....

....

....

....

....

....

Muitas pessoas se emocionam profundamente ao realizar o exercício da criança interior, pois se conectam com essa parte de si que foi negligenciada e não se sentiu reconhecida. Frequentemente, tendemos a ignorar nossa criança interior e suas dores, tentando convencer-nos de que é melhor simplesmente seguir em frente. No entanto, é essa criança dentro de nós, carregando todas essas emoções mal resolvidas, que precisa de nossa atenção e cuidado hoje.

Esse processo de reconhecimento e cura é essencial no caminho para se tornar Rainha. Trata-se de ser para nós mesmas o pai e a mãe que talvez não tivemos, de nos oferecer o amor, a aceitação, o carinho e o respeito que ansiamos receber dos outros e que muitas vezes nem nós mesmas nos damos. Frequentemente, desejamos que os outros nos amem, nos aceitem e nos admirem, mas não cultivamos esses sentimentos por nós mesmas.

Se não tivermos consciência dessa dinâmica, ficamos esperando que outras pessoas preencham nosso vazio e resolvam nossas questões, acreditando que virá delas o que nem mesmo nos proporcionamos.

No entanto, a verdadeira transformação começa internamente, entregando a nós mesmas o que não recebemos. É crucial entender que, junto à dor infantil, sempre vem um recurso, uma lição valiosa. Nossa história aconteceu exatamente como deveria, e por causa dela, somos mais fortes hoje e desenvolvemos habilidades importantes.

Por exemplo, a pessoa que assumiu a máscara da tirana desenvolveu poder, firmeza e uma maior capacidade de estabelecer limites e liderar, especialmente em ambientes dominados por homens. A submissa, por outro lado, tem a habilidade de esperar, ouvir e refletir, sendo mais observadora e perceptiva com as pessoas ao seu redor.

Já a chantagista aprendeu a ser feliz sozinha, a apreciar sua própria companhia, tornando-se mais independente e autossuficiente.

Portanto, sempre há um recurso ou uma lição valiosa nas experiências dolorosas. O que transforma nossa vida é ressignificar nossa história, dar um novo significado ao que vivemos e assumir a responsabilidade de nos amarmos e de moldar nossa vida conforme nossos desejos. É fazer o que nossos antepassados não conseguiram, honrá-los com amor e não com dor, reconhecendo que fizeram o melhor que podiam. Aceitarmos o que nos deram, entendendo que agora é nossa missão transformar tudo isso em algo positivo e doce para nós.

Quando tomamos consciência desse poder, damos um salto quântico em direção à nossa melhor autoestima e ao que desejamos na vida. Relacionamentos, prosperidade, saúde – tudo se transforma quando começamos a nos ver e a tratar-nos com mais amor e compreensão.

ESTRATÉGIA 3

A PSICOLOGIA DO HOMEM

Após uma jornada profunda de autoconhecimento, explorando barreiras que a impedem de nutrir a autoestima que merece, é momento de ampliar horizontes e mergulhar no universo do outro, especificamente no dos homens. Esse é um território frequentemente tão incompreendido por nós, mulheres, e não é por acaso.

Nossa luta para compreender a nós mesmas muitas vezes se estende ao desafio de entender os homens, seres com estruturas cerebrais e corporais distintas, com pensamentos, sentimentos e desejos que divergem dos nossos. Isso para que tenhamos deles aquilo que queremos: atenção, valorização, segurança etc. Mas muitas de nós, mulheres, falhamos em nos relacionar com eles simplesmente porque nos falta o entendimento precioso que estou prestes a compartilhar com você.

Agora você está pronta para entender a mente dos homens.

Neste capítulo, você vai descobrir que, apesar das numerosas semelhanças entre homens e mulheres, há diferenças significativas que influenciam muito o modo como agem, pensam, sentem e desejam. Todas nós reconhecemos que existem grandes diferenças, e cada uma de nós tem uma perspectiva particular sobre os homens. E muitas vezes essa percepção se baseia em experiências pessoais que podem não ter uma base sólida. Portanto, vamos juntas desmistificar essas percepções equivocadas e revelar a verdade sobre os homens.

Muitas mulheres passam a vida esperando que os homens ajam, conversem e se conectem como elas, e quando isso não acontece, surgem comentários como "os homens são muito fechados" ou "as mulheres são muito mais inteligentes". Mas é importante entender que, dentro de cada ser humano, tanto homens quanto mulheres, existem dois aspectos fundamentais:

Há milhões de anos, no início da história com os primatas, só havia o instinto. Sem escolha, sem o domínio sobre impulsos, éramos criaturas de pura instintividade. Mas, após essa fase, ocorreu uma revolução em nosso cérebro: o desenvolvimento do córtex pré-frontal, localizado na parte da frente de nosso crânio. O córtex pré-frontal funciona como um maestro conduzindo uma orquestra.

Esse avanço proporcionou a capacidade de controlar nossos instintos, de colocar a razão no comando, nos distinguindo dos animais. No entanto, isso não eliminou a presença constante do nosso lado mais primitivo e instintivo.

Os homens, assim como nós, mulheres, carregam seus instintos, esse lado animal que está sempre ativo, operando em segundo plano, dia e noite. O instinto é uma força poderosa, algo que não podemos simplesmente ignorar ou tentar exterminar. Isso seria como estar em um rio de correnteza forte, tentando nadar contra a maré o tempo todo. É exaustivo, frustrante e, no final das contas, inútil. E pior: por não entendermos seus códigos internos, acabamos colocando a culpa nos homens.

O que vamos fazer aqui é aprender a navegar nesses instintos, entender como usar essa energia a nosso favor. Imagine escolher uma direção nesse rio turbulento e usar a força da correnteza a seu favor, em vez de lutar contra ela.

Esse instinto brota do cérebro reptiliano, a parte mais antiga do nosso cérebro, cujo objetivo principal é garantir a sobrevivência e reprodução da espécie. E ele está sempre emergindo, fazendo-se presente em momentos inesperados.

Por exemplo, quando você avista uma comida saborosa, mesmo sem estar com fome, o desejo de prová-la se acende. Aquela torta irresistível, aquela barra de chocolate tentadora... não é uma decisão racional. Às vezes você já está satisfeita, mas lá vem a sobremesa, e resistir é um desafio. Esse impulso é humano e natural, então não se culpe por senti-lo.

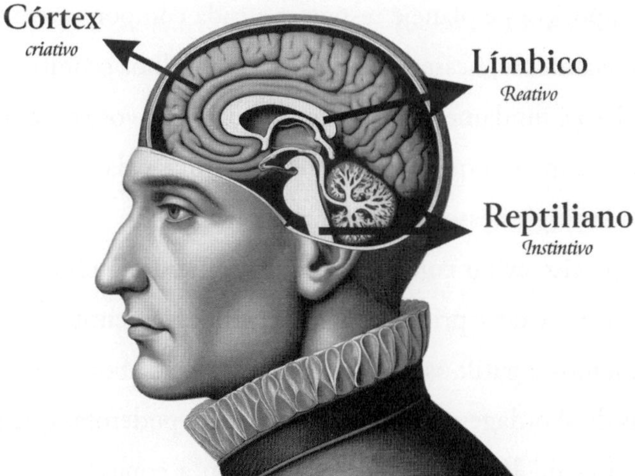

O impulso sempre vem como um relâmpago: rápido e surpreendente. Depois, mais calma e ponderada, vem a escolha, o lado racional que avalia se vale a pena ceder ou não. É essa dança entre impulso e razão que compõe a complexidade do nosso ser.

Nos relacionamentos, o instinto feminino frequentemente se manifesta como necessidade de se sentir segura e protegida, e muitas mulheres expressam isso buscando atenção incessantemente. Há um desejo inconsciente de atenção masculina, pois, em algum nível, se ele está atento a ela, ela se percebe como protegida. Assim, a mulher procura sempre conectar-se, estabelecer laços, reafirmar a conexão. Como pode ver, muita coisa para a mulher gira em torno disso.

A dinâmica masculina é bem diferente, e falaremos disso em breve. Mas é comum que, nessa busca intensa, muitas mulheres acabem por afastar ainda mais o homem com abordagens que não se conectam com ele.

A conexão emocional é algo instintivo para a mulher, e as ações do homem a deixam frequentemente ansiosa, fazendo com que levante suposições e planeje respostas a cada comportamento dele.

Inicialmente, é essencial entender os gatilhos primitivos dos homens. Isso é fundamental para conseguir o que você espera deles, ao mesmo tempo em que permite a você se livrar da tensão constante que pode surgir nesse processo.

É preciso evitar confrontar diretamente os gatilhos masculinos. Para isso, você deve primeiramente aprender a identificar esses comportamentos e gatilhos para poder ajustar sua abordagem. Existem formas de abordagem muito mais eficazes e poderosas que realmente funcionam! Estratégias que favorecem a conexão, a intimidade, o apoio emocional, a cooperação, a parceria, o cuidado e o amor, fazendo com que vocês vivam um relacionamento com diversão e alegria, despertando um homem provedor, que protege você, e que lidera, além de ter planos claros para o futuro de vocês.

EXERCÍCIO DE REFLEXÃO SOBRE PERCEPÇÕES DOS HOMENS

Objetivo: avaliar e refletir sobre suas percepções pessoais dos homens para entender como essas visões podem influenciar seus relacionamentos.

Instruções:

- Com papel e caneta em mãos, respire fundo e concentre-se.
- Escreva rapidamente cinco características que você acredita que a maioria dos homens possui. Complete a frase "Os homens são...", com o que vier à mente primeiro. Não pense muito; deixe fluir.

Pausa e reflexão:

- Após listar as cinco características, faça uma breve pausa. Respire fundo e olhe para a lista que você criou.

Análise crítica:

- Olhe para cada característica e pergunte-se rapidamente: "Por que eu acredito nisso? Isso é baseado em minhas próprias experiências ou é algo que aprendi de outras fontes?".

Conclusão reflexiva:

- Reflita sobre como essas percepções podem estar afetando a maneira como você se relaciona com os homens. Anote qualquer insight ou pensamento que surja.

Lembrete: este exercício é um passo inicial para questionar e, possivelmente, transformar suas percepções. Estar ciente de suas crenças é o primeiro passo para abordar relacionamentos com uma perspectiva mais clara e aberta.

Talvez você tenha escrito que os homens são brutos, frios, fortes, insensíveis, bagunceiros, agressivos, bobos, infantis, engraçados ou bravos. Essas são algumas das características mais comumente citadas por mulheres.

Agora, quero contar a verdade a você: os homens não são exatamente assim; tudo isso depende do contexto em que você está fazendo essa comparação. Por exemplo, os homens são fortes em relação a quê? A um urso? Não, talvez em relação às mulheres. E os homens são agressivos se comparados a uma fera selvagem? Não, mas talvez em relação às mulheres.

Portanto, você está analisando o homem não por quem ele é, com suas características únicas, mas sempre comparando-o com uma ideia preconcebida de como a mulher ideal deveria ser.

Ele não se encaixa nesse modelo de mulher ideal porque é diferente. No entanto, muitas mulheres tentam compreendê-lo dessa maneira. "Por que ele agiu assim? Isso não faz sentido." É quase como se dissessem: "Uma mulher jamais agiria assim", como se a maneira ideal de agir fosse a da mulher e o homem estivesse sempre errado por natureza.

Muitas pensam que, no fundo, ele sabe exatamente o que deveria fazer, mas não faz de propósito. É como se ele fosse uma versão defeituosa ou quebrada da mulher, que precisa ser consertada, ensinada a se comportar corretamente.

"Por que ele não age como eu? Por que ele não faz as coisas que eu quero?"

Então, ela busca razões para explicar por que ele é "defeituoso" ou "quebrado": "Ah, foi a mãe dele", "foi o pai dele", "foi a ex-mulher ou a ex-namorada que o tornou disfuncional e incapaz de agir como uma mulher agiria".

Ou, se não consegue justificar dessa maneira, ela internaliza:

"Ele age assim porque não me ama."

"Ele age assim porque não me respeita."

"Ele não se importa comigo."

Ela leva para o lado emocional, fica triste e desabafa com amigas ou com a mãe. E qual é o conselho delas? "Ele é assim mesmo, egoísta, só se importa consigo mesmo."

Ou, por último, ela se culpa:

"Ele não faz o que eu quero porque sou chata."

"Ele não faz o que eu quero porque não sou mais tão atraente."

"Eu não sou tão interessante."

Comparando-se também com essa ideia de mulher ideal que tem na cabeça.

"Nossa, Lari… eu faço tudo isso que você falou!"

Calma, não é sua culpa. Todas as mulheres fazem isso. São mecanismos do nosso cérebro. A comparação é uma forma de avaliar o entorno e tentar aumentar as chances de sobrevivência; você faz isso subconscientemente.

Mas agora você vai se tornar mais consciente disso.

Então, querida leitora, vamos encarar a realidade: frequentemente, nós mulheres não compreendemos os homens e nos surpreendemos buscando incessantemente explicações para os comportamentos deles. E o que acontece quando não encontramos essas respostas? Nesse momento de impotência, quando não conseguimos justificar por que eles são como são, o que muitas de nós fazemos? Tentamos diminuir, criticar, rotular, punir e enfraquecer nosso parceiro. Assim, ele se torna pequeno, um ser simples e cheio de problemas, enquanto nós nos colocamos em uma posição de superioridade, controlando a situação.

Desejamos um homem sensível, alguém que assista comédias românticas ao nosso lado, que seja delicado e compartilhe seus sentimentos, que esteja sempre disponível... mas o que, de fato, queremos é moldá-lo à imagem da "mulher perfeita"!

Quando ele não se encaixa nesse ideal, ou talvez quando ele falha em alguma tarefa que consideramos importante – como ao esquecer de tirar o lixo ou ao deixar roupas espalhadas –, nossa frustração dispara. E nos sentimos fora de controle e confusas sobre porque ele age de tal maneira.

Nesse momento, algumas de nós partimos para a diminuição, ataque e punição. E até diminuímos sua masculinidade, tudo para nos sentirmos de volta no controle, acreditando que o estamos moldando corretamente. Mas isso é um grande erro!

Um homem que se sente empoderado, forte e respeitado é um homem que produz, protege e provê.

E no final das contas, quem se beneficia com tudo isso? Ninguém!

É hora de reconhecermos essa armadilha e mudarmos nossa abordagem, para o bem de todos os envolvidos.

Quando uma mulher procura o homem ideal, mas acaba diminuindo sua masculinidade, ele tende a se tornar mais passivo e menos capaz de atender às suas principais necessidades. Isso leva a uma insatisfação crescente no relacionamento, pois o desejo instintivo de ser protegida é forte para muitas mulheres. Se ela percebe seu parceiro como fraco, a admiração diminui e a frustração se intensifica ainda mais.

Em outras palavras, na busca pelo príncipe encantado, podemos acabar transformando o homem em um sapo.

DESVENDANDO A "DESMASCULINIZAÇÃO": COMO NOSSAS AÇÕES PODEM TRANSFORMAR REIS EM HOMENS LEITE NINHO

Agora, querida leitora, embarque comigo nesta reflexão crítica: em nossa busca incessante pelo homem ideal, às vezes podemos, sem perceber, desmasculinizá-lo. Quando isso acontece, o homem se torna passivo, distante daquele protetor forte e confiante que intuitivamente desejamos. O resultado? Ficamos ainda mais insatisfeitas, sentindo a falta de proteção e admiração que tanto buscamos. Em vez de um Rei, nos vemos ao lado de um homem Leite Ninho, desconectado do papel que sonhávamos.

Como isso acontece? Vamos desvendar esse processo:

1. **Reclamação:**

- ***Exemplo:*** você reclama da toalha molhada na cama ou do lixo não retirado.

- ***Efeito:*** o homem se sente constantemente inadequado e falho.
- ***Consequência:*** sua masculinidade diminui, ele se sente menos capaz.

2. **Crítica:**

- ***Exemplo leve:*** críticas sobre o jeito de ele se vestir ou dirigir.
- ***Exemplo grave:*** "Você é egoísta", "Você é insensível".
- ***Efeito:*** a autoconfiança dele é minada e a masculinidade é afetada.
- ***Consequência:*** ele se sente incompetente, menos homem, sua masculinidade vai desaparecendo.

3. **Comparação:**

- ***Exemplo:*** compará-lo com o marido da amiga ou com um colega bem-sucedido.
- ***Efeito:*** ele se sente inferior, pressionado a provar seu valor, nutre ressentimento.
- ***Consequência:*** ele deixa de ser o seu homem idealizado e se sente diminuído; um menino.

4. **Exigência de perfeição:**

- ***Comportamento:*** avaliar o homem em extremos — é tudo ou nada.

- *Efeito:* pressão por perfeição; erros são inaceitáveis.
- *Consequência:* ele se sente constantemente inadequado, incapaz de satisfazer suas expectativas.

5. **Controle excessivo:**

- *Comportamento:* agir como se fosse a mãe dele, dando ordens constantes.
- *Efeito:* ele se sente infantilizado, sem espaço para agir por conta própria.
- *Consequência:* sua masculinidade é castrada; ele se torna passivo e obediente.

6. **Interrupções e desconsideração:**

- *Comportamento:* interromper seus afazeres, exigindo atenção imediata.
- *Efeito:* ele se sente desrespeitado e diminuído.
- *Consequência:* a relação se torna desequilibrada, com ele se sentindo menos parceiro e mais subordinado.

7. **Provocação desrespeitosa:**

- *Comportamento:* zombar dele.
- *Efeito:* ele se sente humilhado e desvalorizado.
- *Consequência:* a dor se aprofunda, mesmo que ele não demonstre, afetando seu bem-estar e autoestima.

8. **Falta de admiração:**

- ***Comportamento:*** nunca demonstrar admiração para não inflar seu ego.
- ***Efeito:*** ele se sente desvalorizado e não apreciado.
- ***Consequência:*** a falta de reconhecimento o faz se sentir menos homem e menos motivado no relacionamento.

9. **Recusa em permitir liderança:**

- ***Comportamento:*** não o deixar liderar, acreditando que sabe fazer melhor.
- ***Efeito:*** ele se sente desautorizado e incompetente.
- ***Consequência:*** sua capacidade de tomar iniciativas e sentir-se responsável é diminuída.

10. **Negligência e ignorância:**

- ***Comportamento:*** ignorar o homem, agindo como se ele não merecesse sua atenção.
- ***Efeito:*** ele se sente desprezado e insignificante.
- ***Consequência:*** o homem se retrai, sentindo-se desvalorizado e sem importância.

11. **Evitar intimidade:**

- ***Comportamento:*** se esquivar do sexo e da intimidade, sempre com uma desculpa.
- ***Efeito:*** ele se sente rejeitado e inadequado.
- ***Consequência:*** o vínculo do casal enfraquece, e a relação perde um de seus componentes vitais.

12. **Desprezo não verbal:**

- ***Comportamento:*** expressões faciais e corporais de desprezo, como revirar os olhos ou bufar.
- ***Efeito:*** ele percebe seu desdém e se sente ridicularizado.
- ***Consequência:*** a comunicação se deteriora, e ele se sente constantemente menosprezado.

Sei que compartilhei muitas informações, mas não é hora de se vitimizar Quase todas as mulheres passam por isso em algum momento de suas vidas. O que estou fazendo aqui é trazer luz à sua consciência sobre esses comportamentos. Então, respire fundo, deixe o passado para trás e prepare-se para embarcar comigo em uma jornada de compreensão profunda da mente masculina.

Vamos começar a vê-los como seres únicos, com suas próprias características distintas, em vez de como versões defeituosas de nós mesmas.

Nossa jornada começa com uma compreensão básica do nosso cérebro. Dividido em dois hemisférios, esquerdo e direito, o cérebro humano se comunica internamente através do corpo caloso. Esse fascinante feixe de fibras nervosas permite a troca de informações entre os hemisférios, e pesquisas indicam que essa conexão opera de maneira diferente em homens e mulheres, influenciando diretamente como processamos informações e realizamos tarefas.

Os estudos confirmam que as mulheres geralmente têm uma conectividade mais intensa entre os hemisférios cerebrais, o que muitas vezes nos permite realizar várias tarefas simultaneamente. Por outro lado, os homens tendem a ter uma conectividade mais intensa dentro de cada hemisfério, facilitando atividades que requerem foco e atenção concentrada.

Nós brincamos sobre isso o tempo todo, não é? Dizemos que homens não conseguem fazer mais de uma coisa ao mesmo tempo, que nós somos mais rápidas e ágeis, que às vezes parece que eles estão em outro mundo quando falamos com eles. Mas veja só, a ciência está do nosso lado, confirmando essas observações. Isso é simplesmente parte de quem eles são. Não se trata de uma falha, mas de uma característica inerente.

Portanto, é hora de aprendermos a melhor maneira de interagir com essa realidade, a fim de construirmos uma relação mais compreensiva e harmoniosa.

Vamos juntas nessa descoberta? Então, vamos falar sobre os momentos em que os homens parecem estar em outro mundo.

Assistindo TV e tentando conversar

- Imaginem a cena: ele está lá, completamente absorto no jogo de futebol ou em seu filme favorito. Você tenta puxar conversa e ele até responde com um "Aham", mas no fundo você sabe que ele não absorveu uma palavra sequer. Não é que ele não se importe com o que você está dizendo. É que seu cérebro está totalmente focado naquela partida emocionante ou na trama que se desenrola na tela.

Dirigindo e recebendo instruções

- Agora, pense nele dirigindo, concentrado no GPS para não perder a próxima saída. Você está ao lado dele, compartilhando os detalhes de uma situação com sua amiga, mas ele parece distante. Novamente, não é uma questão de desinteresse, mas seu cérebro está canalizando toda a atenção para a tarefa de conduzir com segurança.

Por conta dessas situações, muitas de nós acreditamos que os homens são seres mais simples, que não manejam coisas complexas como nós. Mas isso é um equívoco. Quando eles se concentram em algo, costumam mergulhar profundamente naquilo, seja em seus hobbies, futebol, jogos, carros ou no trabalho e profissão. Eles se tornam especialistas, profundos conhecedores de cada detalhe.

No entanto, muitas de nós confundimos essa profundidade de foco com uma incapacidade de lidar com múltiplos aspectos e emoções de maneira ampla, como nós faríamos. Por isso, às vezes, os consideramos brutos ou simplistas, incapazes de entender nuances que para nós são óbvias. "Como ele não pensou naquilo? Como não viu que aquilo era importante para mim? Como ele pode ter um gosto tão duvidoso para se vestir? Como não percebe coisas que são básicas para mim?"

Vamos mergulhar um pouco mais na maneira como essas diferenças na estrutura cerebral influenciam o pensamento e a comunicação dos homens.

Eles geralmente adotam um estilo mais direto e objetivo ao se comunicar. Muitas vezes, pode parecer que eles não estão tão empenhados no relacionamento ou que lhes falta sensibilidade. Mas não é bem assim.

O homem é, por natureza, um solucionador de problemas. Com sua tendência a focar uma coisa de cada vez, ele busca ser eficiente e vai direto ao ponto para resolver questões. É como se ele tivesse um radar que o direciona imediatamente para a solução mais prática.

Quando você começa a compartilhar algo que está pesando em seu coração, ele já está projetando soluções. Você já viveu isso, não é? Aquele momento em que você só queria desabafar sobre algo que está te incomodando, mas antes mesmo de você terminar, ele já está sugerindo maneiras de resolver o problema. "Amor, estou me sentindo tão gorda!", e lá vem ele com uma lista de possíveis soluções. Enquanto isso, tudo que você queria era um ouvido compreensivo para suas emoções e preocupações.

Estudos confirmam que os homens têm essa tendência de focar a solução, enquanto nós, mulheres, olhamos para o todo, considerando a riqueza e a complexidade das emoções envolvidas.

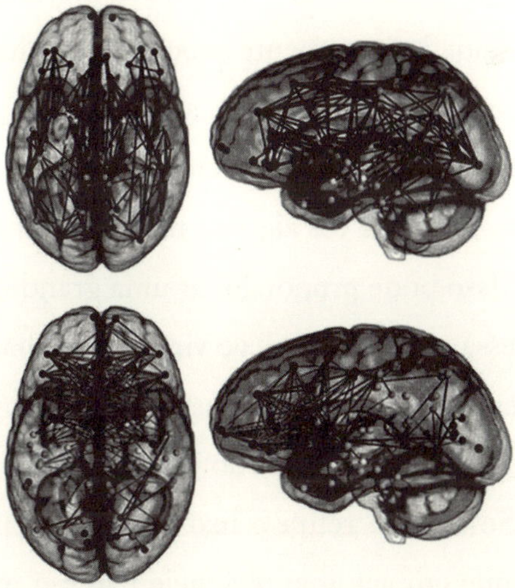

Cérebro
Masculino

Cérebro
Feminino

Para eles, dedicar-se a explorar sentimentos pode parecer uma perda de tempo, algo que não contribui para resolver o problema, que é seu foco principal. E aqui está o cerne da questão: nossa necessidade de discutir e entender as emoções envolvidas pode ser fonte de frustração e impaciência para eles, que veem tal abordagem como algo desnecessário ou até improdutivo.

Um estudo publicado na revista *Communication Monographs* mostrou que as mulheres tendem a usar 50% mais palavras para descrever um problema do que os homens, pois os homens tendem a ser mais diretos e objetivos em sua comunicação.

Por exemplo, se um homem não demonstra emoção ao ouvir uma história triste, não significa que ele é insensível. Enquanto a mulher pode se sentir frustrada por ele não reagir da forma que ela esperava, ele, por outro lado, pode estar buscando soluções para a situação apresentada. Essa é simplesmente a maneira como o cérebro masculino opera, focado em resolver problemas, e não reflete falta de amor ou desinteresse. Na verdade, muitos homens expressam seu amor e cuidado justamente procurando solucionar problemas, para garantir o bem-estar de quem amam.

Antes de julgar essa característica como algo negativo, considere o quão valioso é ter alguém tão determinado a resolver questões práticas. Isso pode proporcionar uma grande sensação de segurança. Porém, essa valorização deve vir acompanhada de encorajamento e apreço, em vez de críticas e desvalorização.

Na mente organizada do homem, cada atividade tem seu momento. Se ele não retira o lixo imediatamente, não é por desleixo, mas porque em sua mente aquele não é o momento adequado; ele pode estar focado em outra tarefa. Ele segue seu próprio ritmo para as coisas, que pode ser bem diferente do ritmo da mulher.

No entanto, comportamentos que "desmasculinizam" o homem, como críticas constantes e desvalorização, podem afetar negativamente seu ímpeto e torná-lo passivo. Se você o diminuir frequentemente, talvez ele nunca sinta que é a hora de agir, e as atividades domésticas ou outras responsabilidades podem ser constantemente postergadas. Isso também se aplica a homens que se tornaram passivos devido a experiências e crenças que adquiriram ao longo da vida, influenciadas por fatores externos como a família ou mesmo suas próprias inseguranças. Eles precisam redescobrir e reavivar essa masculinidade adormecida, recuperando sua energia e instinto inatos.

Os homens tendem a concentrar-se intensamente em uma única tarefa de cada vez, muitas vezes ignorando tudo que é secundário ou irrelevante para a atividade em questão. Eles fazem isso não por desinteresse, mas para evitar conflitos e gerenciar a complexidade que surge se a parceira ficar insatisfeita. Por exemplo, se uma mulher sugere um plano como ir às compras, ele pode responder com um "Aham" descomprometido, sabendo que ignorá-la completamente poderia fazê-la ficar chateada. No entanto, isso pode levar a mal-entendidos futuros quando ele não lembrar da conversa ou questionar a necessidade do plano mais tarde, causando desentendimentos como "Você não disse que íamos?" ou "Por que mudou de ideia agora?".

Nessas situações, o homem pode se sentir pressionado a concordar para evitar conflitos, mesmo que isso não reflita seu verdadeiro interesse ou intenção. Isso pode levar a mulher a sentir que ele não é confiável ou que suas palavras não podem ser levadas a sério.

Quando está focado, o homem pode até negligenciar suas próprias necessidades, como alimentação ou cuidados pessoais. Portanto, não é que ele não valorize a parceira ou outras responsabilidades, mas seu foco está completamente voltado para a tarefa que está desempenhando no momento.

Além disso, os homens geralmente precisam de um período de transição entre uma atividade e outra. Ao chegar em casa, por exemplo, ele pode precisar de um momento para relaxar e se desligar antes de passar para as próximas tarefas. Isso contrasta com muitas mulheres que, ao chegarem em casa, já começam imediatamente a fazer o que precisa ser feito. Entender essa diferença de ritmo e abordagem pode ajudar a minimizar mal-entendidos e frustrações em um relacionamento.

Às vezes, quando o homem chega em casa após um dia longo, a mulher pode estar ansiosa para compartilhar seu dia e conversar. No entanto, é possível que ele ainda esteja processando os eventos do trabalho ou outras preocupações e não esteja pronto para se engajar na conversa, o que pode fazer a mulher se sentir ignorada ou menos importante. Se o casal estabelecer um acordo em que ele tenha cerca de vinte minutos para se desligar e relaxar após chegar do trabalho, isso pode beneficiar a ambos. Ele se sentirá respeitado em sua necessidade de espaço e, depois desse tempo, estará mais presente e receptivo.

Se ele teve um dia particularmente ruim, poderá precisar de mais tempo que o normal para esse período de "descompressão". Se a mulher não respeitar esse espaço e começar a pressioná-lo com queixas ou demandas imediatas, isso poderá exacerbar a tensão, levando a discussões e a um distanciamento ainda maior. Ele pode sentir que não está tendo seu espaço respeitado e descarregar nela essa frustração acumulada, levando a conflitos desnecessários.

Da mesma forma, se o homem está se preparando para o trabalho, a mulher pode supor que ele está disponível para uma conversa. No entanto, mesmo que fisicamente presente, ele pode estar mentalmente focado nas tarefas do dia e não totalmente atento à conversa. Qualquer resposta que ele dê nesse momento pode não ser tão considerada ou significativa, pois sua atenção estará dividida. Entender e respeitar o tempo de transição e foco do homem pode ajudar a criar um ambiente mais harmonioso e uma comunicação mais efetiva entre o casal.

HOMENS NÃO DEMONSTRAM EMOÇÕES

Frequentemente, nós mulheres ficamos perplexas e até um pouco frustradas, sentindo que os homens não compartilham seus sentimentos tão abertamente quanto nós. Mas não se preocupe! Neste segmento, vamos nos aprofundar no modo como os homens lidam com suas emoções e as expressam, buscando entender melhor a comunicação emocional deles.

Primeiro, é essencial reconhecer que cada indivíduo é único. Não é possível fazer generalizações absolutas sobre todos os homens ou mulheres. Contudo, há diferenças típicas entre os gêneros em relação à expressão emocional. Compreender essas diferenças é crucial para estabelecer conexões mais profundas e nutrir relacionamentos mais robustos e significativos.

Você pode estar se perguntando: "Mas por que os homens agem dessa forma?". Existem diversas explicações, incluindo fatores biológicos, influências educacionais e pressões culturais. E é justamente esse o foco de nossa discussão agora.

No entanto, vamos desfazer um equívoco comum: os homens não são desprovidos de sensibilidade ou incapazes de expressar sentimentos. A realidade é que eles manifestam suas emoções de maneira diferente das mulheres. Portanto, não é correto assumir que eles são emocionalmente distantes ou indiferentes. Eles apenas têm seu próprio estilo de comunicação emocional.

A biologia por trás da comunicação emocional dos homens

Vamos mergulhar um pouco na ciência para entender a biologia que influencia a comunicação emocional dos homens. Isso nos ajudará a compreender por que eles tendem a expressar suas emoções de forma diferente das mulheres. É importante reconhecer que diferenças hormonais e neurológicas existem entre homens e mulheres e impactam a maneira como cada um de nós lida com as emoções. Você já viu neste capítulo que o cérebro feminino, com sua maior conexão entre os hemisférios direito e esquerdo, facilita a combinação de emoção e linguagem, enquanto nos homens, verbalizar sentimentos pode ser mais desafiador.

Adicionalmente, os hormônios desempenham um papel significativo na expressão emocional masculina. A testosterona, predominante nos homens, está associada a traços como ação, impulsividade, competitividade e agressividade e é, em média, vinte vezes mais alta neles do que nas mulheres. Estudos sugerem que a testosterona também influencia a operação do cérebro e do sistema límbico, responsáveis pelas nossas emoções.

O resultado é que os homens frequentemente expressam emoções por meio de ações – como proteger, prover e cuidar – ao invés de palavras. Isso pode ser mal interpretado pelas mulheres, especialmente quando um homem demonstra amor solucionando um problema em vez de oferecer o tempo de qualidade ou as declarações de amor que ela deseja.

Ações masculinas que podem sinalizar emoções profundas

1. **Surpresas e gestos carinhosos:** um homem que a leva para um jantar especial, presenteia de forma inesperada ou tem um gesto de carinho está, na verdade, expressando seu amor. Mesmo que ele não verbalize frequentemente dizendo "eu te amo", essas ações são declarações silenciosas de seus sentimentos.
2. **Apoio em momentos difíceis:** o apoio constante em tempos desafiadores, seja numa enfermidade ou em um dia particularmente ruim, é a maneira de ele mostrar que você é significativa em sua vida. A assistência e a presença dele, sem necessariamente expressar verbalmente o cuidado, são poderosos indicativos de sua importância para ele.
3. **Resolução de problemas:** se ele salta para encontrar soluções sempre que você compartilha um problema, entenda que essa é uma expressão de afeto. Ele canaliza sua energia para ajudar apenas aqueles que verdadeiramente valoriza, e essa atenção direcionada é uma forte manifestação de seu afeto.
4. **Proteção e cuidado:** a preocupação com sua segurança e bem-estar reflete um profundo sentimento de amor e cuidado. Quando um homem se certifica de que você chegou em casa em segurança ou demonstra preocupação com sua saúde e segurança, especialmente em situações potencialmente perigosas, ele está expressando muito mais do que palavras poderiam dizer. Essas ações ressoam mais fortemente do que meros "eu te amo".

Diversos estudos têm explorado como os homens lidam com as emoções, e um padrão comum é que eles tendem a expressar desconforto ou descontentamento através de ações, como se retrair em silêncio ou se distanciar. Enquanto isso, as mulheres geralmente usam palavras para expressar detalhadamente seus sentimentos quando algo as incomoda.

Devido aos efeitos da testosterona, quando os homens decidem expressar suas emoções, frequentemente o fazem com sinais de frustração ou raiva, ao invés de tristeza ou vulnerabilidade, que são as maneiras mais comuns entre as mulheres.

Por isso, muitas vezes, as mulheres interpretam que os homens são frios e indiferentes, ou que estão sempre bravos. Mas essa interpretação não capta a realidade completa; é apenas uma manifestação de como os homens processam e expressam seus sentimentos. Não é uma falha deles, nem significa que eles não se importam ou não querem compartilhar o que sentem. É simplesmente uma diferença na forma de expressar o que está acontecendo internamente.

Fique atenta a estes sinais quando quiser entender melhor o que o homem da sua vida está tentando comunicar emocionalmente:

- **Variações de comportamento**: alterações no seu modo usual de agir podem ser indícios de que algo está ocorrendo em seu âmbito emocional. Observe se ele se mostra mais retraído, irritável, ou afetuoso que o comum. Essas variações podem ser tentativas dele de expressar sentimentos.
- **Gestos inusitados:** conforme discutido anteriormente, os homens frequentemente manifestam emoções por meio de ações, como preparar uma surpresa ou oferecer suporte

nos momentos difíceis. Valorize esses atos como expressões emocionais significativas.

- **Expressão facial e postura:** atitudes e feições podem ser janelas para as emoções. Rugas na testa, lábios apertados ou braços cruzados podem indicar sentimentos não verbalizados. Observe esses sinais corporais para decifrar o que ele pode estar tentando transmitir.

Dicas para prevenir equívocos e aprimorar a comunicação emocional

1. **Evite conclusões apressadas**: antes de reagir a algo que você percebeu, converse para entender o contexto real. Pode ser que haja uma interpretação equivocada de suas ações ou sentimentos.
2. **Empatia:** tente se colocar no lugar dele e perceber suas possíveis emoções. Isso facilitará seu entendimento e sua reação apropriada.
3. **Promova o diálogo:** demonstre abertura para ouvir e compreender seus sentimentos. Isso pode incentivá-lo a compartilhar mais, fortalecendo a comunicação emocional entre vocês.
4. **Exercite a escuta ativa:** quando ele estiver expressando suas emoções, ouça com atenção e mostre que você valoriza sua partilha. Isso reafirma seu interesse e disposição para entender seu mundo emocional.

Entenda que, para muitos homens, expor emoções pode ser visto como um sinal de fraqueza. Criados sob a expectativa de serem os protetores, ao revelarem suas vulnerabilidades, eles podem sentir que estão abandonando o papel de "porto seguro". Muitos são ensinados desde a infância a não demonstrar fraqueza, a serem inabaláveis e a reprimir lágrimas. Isso desestimula a expressão emocional. E, embora desejemos um parceiro que compartilhe seus sentimentos, uma figura constantemente abalada e sensível pode nos deixar, por instinto, inquietas e inseguras, pois associamos proteção à força e estabilidade.

Portanto, antes de criticar a reserva emocional de um homem, lembre-se de que o excesso de vulnerabilidade também pode ser perturbador. Considere também que essas tendências estão enraizadas nas estruturas cerebrais e hormonais masculinas, e desafiar isso pode ser contraproducente.

Em vez de tentar transformar seu parceiro em um ser mais emotivo, procure identificar e valorizar as formas sutis através das quais ele demonstra amor e cuidado. Reconhecer e apreciar essas expressões pode fortalecer a conexão entre vocês.

OS HOMENS E O SEXO

Vamos explorar o comportamento sexual masculino e seu interesse em sexo, seja enquanto solteiros, focando o sexo casual, ou em um relacionamento.

Para os homens solteiros, é comum que muitas mulheres se sintam confusas ou até mesmo usadas, pois percebem que muitos homens parecem interessados apenas em sexo. Elas lutam para encontrar um homem interessado em um relacionamento sério e se perguntam por que os homens parecem tão focados no sexo casual.

Provavelmente, você já ouviu que um dos principais benefícios percebidos pelos homens solteiros é a liberdade de ter relações sexuais casuais com várias parceiras. Mas já se perguntou por que isso é tão frequente?

Um estudo renomado convidou homens e mulheres a abordar estranhos atraentes e propor desde encontros casuais até sexo direto. De 318 abordagens, 75% dos homens aceitaram propostas de sexo casual de uma estranha atraente, enquanto nenhuma mulher aceitou. Esse estudo evidencia o que muitos já suspeitavam: enquanto um homem raramente recusaria uma oferta de sexo casual de uma mulher atraente, para uma mulher, a decisão é mais complexa e geralmente negativa.

Além disso, outro estudo que analisou padrões de comportamento sexual em 37 culturas diferentes descobriu que os homens tendem a ser mais liberais universalmente. Isso indica que a tendência masculina para a promiscuidade é um fenômeno global, não limitado a culturas ou países específicos.

Então, por que os homens têm essa inclinação para o sexo casual? A resposta está fortemente ligada à testosterona, o hormônio primário por trás do desejo sexual. Tanto homens quanto mulheres são influenciados pela testosterona em seu desejo sexual, mas um homem adulto saudável possui de quinze a vinte vezes mais testosterona que uma mulher, o que resulta em uma carga hormonal significativamente maior.

Pesquisas confirmaram que, quanto maior o nível de testosterona, maior a tendência do homem a buscar sexo casual com diferentes parceiras. Essa forte ligação hormonal desempenha um papel crucial no comportamento sexual masculino e na busca constante por novas experiências sexuais.

Existem dois instintos fundamentais presentes no reino animal que ajudam a explicar o comportamento sexual masculino:

- **Instinto 1:** é o impulso pela diversidade genética. Do ponto de vista evolucionário, quanto maior a diversidade genética, maiores são as chances de sobrevivência e sucesso reprodutivo. Esse princípio é frequentemente resumido na expressão "espalhar a semente". No mundo animal, é comum que várias espécies busquem múltiplos parceiros para assegurar a propagação de seus genes. Enquanto os seres humanos podem não seguir esse padrão rigorosamente, a motivação subjacente pela diversidade genética ainda pode influenciar o desejo masculino de ter relações sexuais com diversas parceiras.
- **Instinto 2:** temos a competição espermática. Esse fenômeno biológico, observado em muitas espécies, envolve a concorrência entre machos para fertilizar os óvulos das fêmeas. Isso pode levar a um aumento no impulso sexual e na libido quando um homem se depara com uma nova parceira em potencial.

É importante lembrar o instinto animal que mencionei anteriormente. Sim, ele existe e é uma força poderosa, tanto nos homens quanto nas mulheres, manifestando-se de maneiras diferentes.

Isso significa que os homens são obrigados a agir impulsivamente como animais? Certamente que não. O cérebro humano desenvolveu a capacidade de controlar esses instintos há milhões de anos, e é possível optar por utilizar essa habilidade conscientemente.

Os instintos mencionados também ajudam a esclarecer por que alguns homens podem ser infiéis. Embora eles forneçam uma explicação biológica, não justificam comportamentos prejudiciais ou desrespeitosos, pois os seres humanos têm a capacidade de fazer escolhas éticas e respeitar seus compromissos.

Qual é a situação em que os homens têm maior probabilidade de trair? Geralmente, é quando consomem álcool. E por quê? O álcool afeta diretamente a parte do cérebro que controla os instintos e a tomada de decisões, o córtex pré-frontal. Por isso, quem está embriagado tende a ser mais impulsivo e a tomar decisões imprudentes. Pense no indivíduo no BBB que tocou inapropriadamente uma mulher em frente às câmeras, com sua esposa assistindo de casa. Em estado sóbrio, seria muito menos provável que ele agisse dessa forma. Mas, sob o efeito do álcool, os instintos predominam e o risco de cometer erros aumenta consideravelmente.

Além disso, a busca por sexo casual também pode ser impulsionada pela necessidade de validação masculina. Conquistar uma nova parceira é uma maneira de os homens reafirmarem sua masculinidade e atratividade. Essa sensação de conquista gera uma poderosa descarga de dopamina, fazendo o homem se sentir extremamente valorizado e poderoso, como um verdadeiro "macho alfa". E, para aumentar essa sensação, muitos homens compartilham suas conquistas com os amigos, buscando uma validação ainda maior. Essa competitividade e busca por aprovação são fortemente enraizadas no subconsciente masculino.

Entretanto, um homem pode ser levado à infidelidade por outros fatores, especialmente se estiver enfrentando problemas pessoais, como saúde mental fragilizada, autoestima abalada, crises no relacionamento ou até mesmo uma crise de meia-idade.

E quanto à ideia de que o interesse masculino por sexo casual é meramente cultural, fruto de uma sociedade machista? Estudos em países com alta igualdade de gênero, como a Dinamarca, mostram que a tendência masculina para a promiscuidade é observada de forma semelhante. Isso sugere que, além dos fatores culturais, existe uma base biológica significativa para esse comportamento.

Outra questão biológica que exerce grande influência é a disparidade nos riscos associados ao sexo casual para homens e mulheres. Os homens, em geral, são menos cautelosos quanto aos riscos. Em diversas pesquisas, eles consistentemente demonstram uma tendência maior para a imprudência em relação ao sexo. E por que isso acontece?

Para as mulheres, as consequências de um encontro casual podem ser muito mais significativas. Por exemplo, a responsabilidade e o impacto de uma gravidez inesperada recaem majoritariamente sobre elas. Elas carregam o peso de gestar e potencialmente criar um filho com um parceiro inadequado ou ausente. Além disso, enfrentam um risco maior de contrair doenças sexualmente transmissíveis durante o ato sexual.

Historicamente, as mulheres têm muito mais a perder em termos evolutivos, o que as levou a desenvolver estratégias cuidadosas para minimizar os riscos de gravidez indesejada. Isso inclui a escolha criteriosa de parceiros e a preferência por relacionamentos estáveis e de longa duração, que ofereçam segurança e suporte para a prole.

Por outro lado, os homens, particularmente em contextos casuais, tendem a focar menos as consequências e mais a oportunidade de "espalhar a semente" (no sentido figurado, claro, já que a ideia de ter múltiplos filhos com diferentes parceiras traz uma série de implicações sociais, financeiras e pessoais). Mas é fato que eles geralmente estão mais dispostos a assumir riscos e a serem liberais, guiados por essa inclinação biológica ancestral.

Sabendo que o impulso inicial de um homem é, com frequência, o desejo sexual, optar por não ter relações imediatamente pode ser uma estratégia eficaz. Postergar a intimidade sexual pode trazer benefícios duplos:

1. Ao prolongar o tempo antes de ceder ao que ele deseja, você aumenta as chances de ele investir emocionalmente no relacionamento. Os seres humanos tendem a valorizar mais aquilo em que investem tempo e energia. Além disso, a convivência e o contato contínuo liberam ocitocina, o que torna mais difícil para ele se desvincular de você. Fazê-lo trabalhar pelo que deseja pode fortalecer significativamente a conexão entre vocês e aumentar as possibilidades de um relacionamento duradouro, além de uma simples noite de paixão.
2. Adiar o sexo também te dá a vantagem de avaliá-lo melhor. Durante esse período, você pode observar sinais e comportamentos que indiquem se ele é realmente alguém com quem você quer se envolver intimamente e se ele a valorizará e buscará algo mais sério com você.

Para quem está em um relacionamento, é comum que a intensidade sexual do início — aquela loucura e paixão constantes — diminua com o tempo. Essa mudança para uma fase mais estável do relacionamento é natural e esperada.

Alguns homens mantêm um alto desejo sexual, desejando relações diárias ou até mais frequentes, enquanto suas parceiras podem não estar sempre dispostas e precisem se desculpar por isso. Outros homens podem ter um desejo menor do que suas parceiras, levando-as a se sentirem rejeitadas ou preocupadas com a própria atratividade.

Essa variação se deve, em parte, às oscilações naturais da testosterona entre os homens. Os níveis desse hormônio podem variar consideravelmente, com alguns homens apresentando trezentos nanogramas por decilitro e outros mil nanogramas por decilitro, ambos dentro da faixa considerada normal. Portanto, um homem com níveis mais altos de testosterona naturalmente terá um desejo sexual mais intenso do que um com níveis mais baixos.

Existem diversos fatores que podem afetar o nível de testosterona e, consequentemente, a libido masculina, mesmo em homens jovens e saudáveis. Vamos entender o que pode influenciar essa diminuição:

a) **Envelhecimento e condições de saúde:** com o passar dos anos ou devido a problemas como obesidade e outras condições médicas, é natural que a testosterona do homem diminua temporariamente.
b) **Problemas de sono e medicamentos:** a qualidade do sono é crucial, e medicamentos como antidepressivos ou para pressão arterial podem afetar negativamente a libido.
c) **Estresse crônico:** a exposição prolongada ao estresse pode desequilibrar a produção hormonal, afetando diretamente a testosterona.

d) **Excesso de trabalho e cansaço:** a fadiga acumulada, tanto física quanto mental, pode esgotar a energia necessária para manter uma vida sexual ativa.

e) **Baixa autoestima e insegurança:** preocupações com o desempenho sexual podem levar a um ciclo de ansiedade e diminuição do desejo. A necessidade de se sentir competente e admirado na cama é crucial para o homem.

f) **Insegurança no relacionamento:** a percepção de falta de interesse ou admiração por parte da parceira pode abalar profundamente sua confiança e desejo.

g) **Rotina e monotonia:** a falta de novidade e o excesso de convivência podem diminuir a autonomia e a independência do homem, afetando sua percepção de masculinidade e desejo sexual.

h) **Dinâmica disfuncional do relacionamento:** comportamentos que desmasculinizam o homem, como críticas constantes, falta de respeito e comparação com outros, podem criar um ambiente em que a sexualidade é reprimida. Um homem que se sente diminuído e desrespeitado pode perder o interesse por sexo, especialmente se ele sentir que a dinâmica do relacionamento é mais parental do que de parceria.

Compreender esses aspectos pode ajudar a identificar as causas por trás de uma libido reduzida e proporcionar caminhos para restabelecer uma vida sexual saudável e satisfatória.

Agora que você compreendeu a maneira como os homens pensam, sentem e o que desejam, é natural questionar como colocar esse conhecimento em prática no cotidiano. Como, então, cultivar um relacionamento digno de Rei e Rainha, em que vocês possam satisfazer as necessidades e desejos mutuamente?

Agora que você sabe como ele opera, também é crucial aprender a fornecer o que ele busca. Esse será nosso foco no próximo capítulo.

ESTRATÉGIA 4

OS 4 TIPOS DE HOMENS

As características dos homens e seus instintos, conforme expliquei, pertencem aos homens que estão conectados com sua masculinidade. Tudo isso atua no subconsciente de todos os homens. Portanto, não é realista esperar que ele se comporte como uma mulher, pois ele nunca o fará, a menos que esteja desequilibrado e, nesse caso, é alguém que você não vai querer. Confie em mim.

O que expliquei é a tendência natural de todos os homens, que são características inerentes a eles. No entanto, a maneira como essas características se manifestam pode ser influenciada pela criação que receberam. Cada um de nós foi criado por pessoas com suas próprias crenças, valores e comportamentos, e isso moldou quem somos. Por exemplo, biologicamente, as mulheres tendem a falar mais do que os homens, mas você pode ser a exceção e ser muito quieta devido à sua criação.

Assim, os homens podem se enquadrar em quatro tipos diferentes, de acordo com as distorções que podem ter adquirido ao longo da vida. O mesmo se aplica às mulheres, como mencionei no parágrafo anterior.

Essas classificações são úteis para trazer clareza e são baseadas em estudos da mente humana, como o *Pathwork*, de Eva Pierrakos, e a Constelação Familiar, de Bert Hellinger, além de minha experiência como terapeuta sistêmica, ao longo de mais de quatro mil horas ouvindo a realidade de muitos casais.

Cada tipo de homem tem uma descrição marcante, mas lembre-se de que eles não são 100% de um único tipo; homens (bem como mulheres) podem ter características próprias de vários tipos. O importante é identificar o tipo predominante.

Tudo certo até aqui? Então vamos começar:

O LEITE NINHO

O homem passivo é aquele que evita assumir muitas responsabilidades. Às vezes, comporta-se como um adolescente, curte videogames e passa horas no celular.

Ele é superapegado à mãe, não desgruda dela, até viaja junto e consulta a mãe para tomar qualquer decisão. Se ela liga, ele corre para atender! Não coloca limites quando a mãe se intromete no relacionamento de vocês.

Pode demorar para sair da casa dos pais, mesmo depois de casado. Essas características de "Leite Ninho" continuam presentes.

Normalmente, ganham menos e têm traços menos masculinos. Nos casos mais extremos, podem ficar desempregados e depender financeiramente de você.

Mas o que essas características revelam sobre você? Existem duas possibilidades:

1. O "filhinho da mamãe" pode se interessar pela "filhinha do papai"! Afinal, semelhantes atraem semelhantes. Se ele tem uma forte ligação com a mãe, é provável que se relacione com uma mulher que também seja muito ligada aos pais, talvez tenha dificuldades em ser independente e encarar o mundo adulto.
2. A outra possibilidade é que a mulher que se sente atraída pelo homem mais feminino gosta de dominar e ditar as re-

gras. Ela acaba sendo como uma mãe para ele, e ele corresponde, agindo como se fosse seu filho.

Esse comportamento pode estar relacionado a experiências de infância. Por exemplo, a mulher que se atrai por um Leite Ninho pode ter tido uma mãe muito dominadora, que controlava o pai. Ou talvez tenha crescido em um ambiente com um pai agressivo e abusivo, e decidiu que nunca mais passaria por isso. Então, ela se torna a "opressora", mas TUDO ISSO SE DÁ INCONSCIENTEMENTE.

O "Leite Ninho", sendo um homem com uma energia mais feminina do que o natural, é alguém que tende a expressar mais os seus sentimentos. Pode ser mais emocional, às vezes chorando mais do que a média masculina. Ele pode parecer emocionalmente mais sensível e ter dificuldade em lidar com problemas. No trabalho, pode sentir que as pessoas o dominam e costuma desabafar com você. Às vezes, ele pode ficar triste e desanimado. Normalmente, não tem muitos amigos e passa mais tempo em casa, dedicando-se a hobbies, como jogar videogames, o que pode fazê-lo parecer um adolescente. Ele pode passar muito tempo no celular e vocês podem não ter muitos interesses em comum, exceto talvez por assistir séries e filmes juntos.

Ele é carinhoso e atencioso com a mãe, muitas vezes buscando sua opinião e aprovação em decisões importantes, inclusive sobre o relacionamento de vocês. Eles estão sempre em contato, seja por mensagens, ligações ou visitas. Mesmo sendo adulto, ele pode depender financeiramente dela para despesas e questões cotidianas. Ele permite que ela interfira no relacionamento de vocês e pode ter dificuldade em estabelecer limites.

O "Leite Ninho" é propenso a criar drama, sentindo que ninguém o entende ou valoriza. Frequentemente, age de forma complementar ao comportamento de sua mãe durante sua criação. Por exemplo, se sua mãe era emocionalmente distante, ele pode precisar de muita atenção; e se sua mãe era chorona, ele pode assumir o papel de apaziguador. Ele tende a ser passivo diante das emoções, ficando ressentido e fazendo drama.

No trabalho e nas responsabilidades, ele pode enfrentar dificuldades devido à falta de energia masculina. Sua dependência da mãe durante a infância pode limitar seu crescimento profissional e financeiro, pois ele pode não demonstrar confiança e iniciativa. Lida mal com estresse e pressão, muitas vezes esperando que os outros, incluindo você, resolvam seus problemas, assim como a mãe costumava fazer. Em relação às tarefas domésticas, ele geralmente evita assumir responsabilidades, procrastinando e esperando que você faça a maior parte do trabalho.

Agora, vamos falar do pai dele. A figura paterna era menos presente, o que resultou em menos energia masculina e maior dificuldade para enfrentar o mundo. Talvez ele nem tenha tido um pai ou, se teve, foi um pai mais passivo, que não desempenhava um papel dominante em casa. A mãe era quem tomava as decisões e o pai tinha um papel secundário.

É possível que ele tenha poucas lembranças de momentos em que o pai tenha sido uma influência significativa em sua vida. Além disso, muitos "Leite Ninho" cresceram com uma mãe que frequentemente criticava os homens e diminuía sua importância, incluindo críticas ao próprio filho. Isso levou alguns a suprimirem suas características masculinas para serem bem-vistos por suas mães.

O "Leite Ninho" pode, ocasionalmente, expressar crenças negativas sobre as mulheres, como considerá-las chatas, bravas ou controladoras. Ele geralmente demora para se casar, pois ainda mantém uma ligação emocional com a mãe em seu subconsciente, o que pode dificultar a formação de um vínculo completo com outra mulher. Além disso, devido à falta de lealdade emocional, ele pode ser propenso a trair, buscando uma afirmação de sua masculinidade. Convivendo com mulheres dominadoras que restringem sua masculinidade, ele procura no sexo uma forma de reafirmar sua identidade masculina, o que também pode contribuir para sua propensão à infidelidade.

Uau, é muita informação para absorver, não é?

Você já tinha refletido sobre tudo isso?

Será que seu parceiro manifesta essas características?

Não se preocupe! Antes de concluir que ele possa estar traindo você ou que o relacionamento está fadado ao fracasso, compreenda que a chave está em saber como agir corretamente com ele. Dessa forma, ele pode evoluir e se transformar no homem que você deseja e merece ter ao seu lado.

E é exatamente isso que eu vou comentar agora.

Se seu parceiro tem essas características, tranquilize-se. Quero que aprenda como agir da maneira certa com ele. Como entendemos os seus pensamentos e comportamentos, agora vou mostrar o que o "Leite Ninho" deseja e como você deve agir para alcançar o relacionamento que almeja.

Quais são os desejos dele?

Vamos considerar dois níveis: subconsciente e consciente.

No nível subconsciente, ou seja, aquela parte da nossa mente à qual não temos acesso, o "Leite Ninho" costuma procurar por uma parceira que se comporte como sua mãe, certo? Porém, agindo assim, você apenas reforça seu comportamento atual e contraria seus desejos conscientes, que são: sentir-se um verdadeiro homem, ser compreendido, respeitado e viver em paz, sem controle ou discussões.

Se você se tornar totalmente passiva, isso também não funcionará, pois vai contra os desejos subconscientes dele.

Então, qual é a solução? Ela é mais simples do que parece.

Com o "Leite Ninho", o segredo é não ser completamente passiva, mas saber como despertar o instinto de herói, que é esse lugar masculino adormecido que existe dentro dele.

Instinto do herói

1. ***Peça ajuda***: como mover coisas do lugar, abrir latas, resolver uma tarefa.
2. ***Seja grata por aquilo que ele faz***: quanto mais gratidão você expressar, mais ele se sentirá valorizado. Lembre-se, ele quer se sentir indispensável na sua vida, mas evite exagerar nos elogios, afinal, ele não é uma criancinha.
3. ***Respeito***: trate-o como um homem e adulto capaz, respeitando suas decisões e opiniões.
4. ***Faça com que ele perceba que a faz feliz:*** mostre que ele a faz feliz. Use reforços positivos, como dizer que se sente segura, protegida e amada por ele, ao invés de reclamar.
5. ***Apoie aquilo que ele gosta:*** apoie suas atividades, seja passar tempo com amigos ou praticar esportes radicais. Isso mostra que você valoriza suas paixões.

6. ***Desafie-o:*** os homens são motivados por desafios. Apresente problemas difíceis, que somente ele pode resolver, como instalar um computador. Isso o estimula a agir e a se sentir competente.

Moldar as características desejadas nele requer paciência e, às vezes, permitir que situações desafiadoras ocorram até que tome a iniciativa. Por exemplo, se a conta de água está atrasada e ele não a paga, pode ser necessário deixar que a água seja cortada, para depois ter uma conversa tranquila e estabelecer limites de forma feminina. Eu sei, só de pensar nisso dá raiva, né? Mas essa dinâmica no relacionamento de vocês não acontece por acaso; ambos têm sua parcela de contribuição para isso.

Além disso, em situações em que outras abordagens falham, eles costumam responder bem à assertividade ocasional. Por exemplo, se após uma tentativa de conversa a água for cortada novamente, uma conversa séria e a definição clara de limites pode ser necessária.

Mas se você ativar corretamente o instinto do herói nele, muitos desses desafios podem ser superados de forma mais natural, resultando em uma mudança gradual em seu comportamento para algo mais masculino. Incrível, não é?

Agora, vamos explorar o próximo tipo de homem!

O BOBO DA CORTE

Quem é o "Bobo da Corte"? Ele é o cara superextrovertido, cheio de amigos, até mesmo amigável com outras mulheres, mas tem atitudes questionáveis e desrespeitosas. Ele curte fotos de mulheres aleatórias nas redes sociais, apaga mensagens suspeitas, tem muitas amigas e olha para outras mulheres quando vocês estão juntos na rua.

Ele mente sobre sair com os amigos, mesmo quando realmente sai, e não deixa você chegar perto do celular dele.

E se você ousar reclamar dele... ele manipula a situação e a chama de exagerada, de chata, de insegura e de ciumenta! Nunca assume a responsabilidade por seus erros e insiste que está agindo certo.

O "Bobo da Corte" é descontraído e adora conversar sobre baladas, amigos, festas, futebol e eventos em geral. Ele fala sobre qualquer assunto, exceto quando se trata de suas interações com outras mulheres. Ele fica desconfortável quando você menciona que ele curtiu a foto de alguém, trocou mensagens com outra pessoa ou agiu de forma inadequada em alguma festa. Ele costuma usar o humor para evitar conversas sérias e foge de qualquer discussão sobre o relacionamento ou o futuro, como casamento. Ele não compartilha seus sentimentos e sempre minimiza as coisas, preferindo manter tudo leve e engraçado.

Com a família, ele não é tão ligado à mãe; normalmente, ele é mais próximo do pai e muitas vezes o imita. O pai do "Bobo da Corte" geralmente é o tipo que gosta de beber, contar mentiras e manipular informações, sem nunca assumir responsabilidades no relacionamento. Ele está sempre tentando evitar discussões e obrigações.

Com os amigos, como já mencionei, ele é o cara das amizades e muitas vezes coloca os amigos em primeiro lugar. Ele pode até mesmo cancelar um compromisso com você para não decepcionar os amigos.

O "Bobo da Corte" é conhecido por ser amigável, divertido e usar o humor como uma forma de lidar com tudo. Para ele, está sempre "tudo bem", e ele tem dificuldade em ter conversas sérias. Ele prefere fazer piadas e manter as coisas leves, mas às vezes pode explodir de raiva. Alguns "Bobos da Corte" podem se tornar agressivos em discussões quando estão bêbados, então é importante ficar atenta.

Em relação à carreira, ele geralmente não enfrenta problemas significativos. Ele é bom em criar redes de contatos, tem boas relações interpessoais e lida bem com o estresse e a pressão. No entanto, ele precisa sair e se divertir para aliviar a tensão. Apesar de ter sucesso na carreira, muitos "Bobos da Corte" têm dificuldades em administrar o dinheiro de forma eficaz, devido à relação fraca com a mãe. Isso é uma questão psicológica que não precisa ser aprofundada, mas é importante saber.

Provavelmente, ele teve uma mãe mais submissa ou fria, que não expressava emoções e fingia que não se importava muito com as atitudes do marido, que era o líder da casa, mas direcionava sua energia masculina desequilibrada para fora da família. Talvez ele trabalhasse muito ou viajasse frequentemente, deixando a mãe em casa, sobrecarregada e cansada. Logo, tudo era mais divertido quando o pai estava em casa. A família evitava falar sobre sentimentos e era como se nunca tivesse problemas.

Totalmente leal ao pai e aos amigos, ele também se dedica ao que é divertido e festivo. Tende a evitar responsabilidades no relacionamento e discussões que "estragam sua vibe". Sem um forte desejo de se casar, ele frequentemente questiona: "Por que casar? Está tudo ótimo assim!". Se pressionado demais para se casar, pode terminar o relacionamento. Geralmente, a ideia de casamento só surge se ele enfrentar uma separação dolorosa ou acreditar que a parceira está prestes a deixá-lo. Após a reconciliação, com uma mentalidade mais comprometida, ele pode reconsiderar o casamento, embora possa manter seus hábitos antigos.

Seus valores são indefinidos e flexíveis, e muitas vezes ele manipula os fatos para justificar suas ações questionáveis.

Ufa... O "Bobo da Corte" é complicado, não é? Você se identificou com o "Bobo da Corte"? O seu homem é assim?

O que isso revela sobre você?

Uma mulher que está com um "Bobo da Corte" provavelmente teve experiências passadas em que o desrespeito masculino era comum.

Se o seu parceiro se encaixa nesse perfil, não se preocupe, há maneiras de inspirá-lo a evoluir no relacionamento.

Então, o que ele deseja?

Existem dois níveis de desejos: o subconsciente e o consciente. No nível subconsciente, o que o "Bobo da Corte" mais quer é validação externa. Sua autoestima está ligada a isso, ele busca constantemente aprovação de outras pessoas.

No nível consciente, ele busca liberdade, leveza e a sensação de estar aproveitando a vida. É por isso que ele age da maneira que age, querendo ser o centro das atenções. Aqui está o equilíbrio delicado, pois permitir que ele aja sem limites resultará em desrespeito constante. No entanto, podá-lo completamente fará com que ele se sinta sufocado e insatisfeito no relacionamento.

Então, o que você deve fazer?

A primeira coisa a fazer é estabelecer limites claros sobre o que é inegociável para você e não ceder! Somente assim você conseguirá ganhar o respeito de um "Bobo da Corte". Ao mesmo tempo, durante a negociação dos limites, é importante dar espaço para algumas coisas e escolher suas batalhas.

Por exemplo, futebol e churrasco com os amigos podem ser permitidos, mas com um horário para voltar. Quanto a baladas, só se você estiver presente. Flertar com outras mulheres está fora de questão. Se ele tentar manipulá-la ou chamá-la de louca, você precisa estar disposta a terminar o relacionamento. Se perceber que você não vai de fato terminar, o "Bobo da Corte" pode abusar da situação.

Saber comunicar de forma assertiva e confiante é essencial ao lidar com um "Bobo da Corte" e moldar seu comportamento. Não seja a pessoa que reclama de tudo; saiba entrar na brincadeira e no senso de humor dele, pois ele busca validação e ser o centro das atenções. Em vez de ser uma mulher ciumenta e insegura, seja feminina e confiante, de modo que ele tenha receio de perdê-la. A possibilidade de perder a mulher que ama é o que pode fazer um "Bobo da Corte" mudar rapidamente. Se ele sentir que você não se valoriza o suficiente, ele continuará priorizando as coisas externas.

Agora, vamos para o terceiro tipo.

O NEVASCA

Ele não costuma expressar seus sentimentos e raramente diz que a ama ou a elogia. A atenção que ele oferece é limitada. É o tipo de homem que não é muito comunicativo, não envia muitas mensagens no WhatsApp e tem dificuldade em acessar seus próprios sentimentos, o que o torna indisponível para conversar sobre emoções.

Ele evita discussões a todo custo.

Mas o que isso diz sobre você?

Nada acontece por acaso. Se você se sentiu atraída e interessada por esse homem, então algum aspecto seu ressoa com esse comportamento. Geralmente, mulheres que se relacionam com esse tipo de homem não receberam muita afetividade na infância. Seus pais, especialmente o pai, eram distantes e talvez até ausentes, deixando-as com a sensação de que a figura masculina era inacessível e incapaz de expressar sentimentos.

A comunicação do "Nevasca" deixa a desejar, sendo bastante travada e carente de abertura emocional. Expressar o amor verbalmente é raro e ele prefere demonstrá-lo por meio de ações, como levá-la para jantar, abrir a porta do carro e resolver problemas para você. Tentar ter uma conversa profunda com ele é uma tarefa difícil, pois ele tende a evitar discussões emocionais e não valoriza muito o autoconhecimento. Sexo é um tema que ele evita abordar, mas sua energia masculina é intensa e sua libido é alta, o que o leva a simplesmente agir sem muita conversa. Ele não busca feedback e não faz elogios ou declarações de amor com frequência.

Ele é um homem tradicional, que valoriza a presença da família em ocasiões especiais e tem um forte senso de honra em relação aos pais. A validação do pai é importante para ele, embora ele raramente a expresse. O relacionamento com o pai é muitas vezes caracterizado por uma falta de expressão emocional e poucas palavras. Ele mantém poucos, mas verdadeiros amigos, e é leal a eles, muitas vezes assumindo um papel de liderança no grupo e sendo uma pessoa de confiança, inclusive financeiramente.

Quando se sente incomodado ou magoado, ele tende a reprimir suas emoções e se fecha, dando espaço ao silêncio e ao distanciamento. Em situações de conflito, ele pode adotar uma postura controladora, tornar-se ciumento, possessivo e exigente.

O "Nevasca" é conhecido por sua responsabilidade e dedicação ao trabalho, às vezes até se tornando um *workaholic*. Ele está constantemente pensando em prover e proteger sua família e é conhecido por cumprir o que promete. Ele também é mais pontual do que a maioria.

Refletindo sobre a infância, o pai do "Nevasca" desempenhava um papel importante ao prover financeiramente para a família, mas muitas vezes parecia distante. O ambiente familiar era caracterizado por um respeito silencioso pelo pai, criando um clima apático em casa, com pouca descontração. Sua mãe era submissa, e o que o pai dizia era lei. Ele viu sua mãe buscando a atenção do pai, que muitas vezes não demonstrava tanto interesse. Naquela época, ninguém se importava com seus sentimentos e chorar era considerado bobagem. Ele cresceu internalizando esses comportamentos rígidos e se tornou um homem controlador, repetindo os padrões de seus pais.

Ele assume o papel de líder em sua família, na igreja, no trabalho e nas tradições. Não tem medo de compromissos e deseja casar e ter filhos, especialmente filhos homens. No entanto, ele tende a adotar atitudes machistas e superprotetoras em relação às filhas, restringindo sua liberdade e evitando que meninos se aproximem delas. Ele também é relutante em permitir que suas filhas frequentem ambientes de festa.

Agora que entendemos como o "Nevasca" pensa e age, vamos falar sobre o que ele deseja e como você pode agir para alcançar o relacionamento desejado com ele. É possível que um "Nevasca" encontre um equilíbrio e seja menos rígido? Certamente! Você só precisa utilizar as ferramentas certas para isso.

No nível subconsciente, ele anseia por ser o homem ideal, alguém sem fraquezas ou falhas, assim como seu pai sempre aparentou ser. No nível consciente, ele busca espaço, respeito e um ambiente onde tudo funcione de forma linear, sem oscilações, onde todos estejam bem-comportados. Para ele, isso é uma validação de que está sendo bem-sucedido como homem.

Então, como você deve agir para atender às necessidades do "Nevasca"? Se você ceder completamente ao espaço que ele deseja no nível consciente, ele pode continuar sendo frio e distante, o que vai contra o desejo subconsciente que ele tem de ser visto como o homem ideal. Ele pode se perguntar por que sua parceira não procura sua atenção ou não tenta se aproximar. É ele quem quer manter a distância para evitar se expor, o que não significa que ele queira você distante também. Ele aprecia seus esforços para se aproximar.

Portanto, é importante saber respeitar o tempo do "Nevasca" em relação às coisas e não ser excessivamente invasiva, ao mesmo tempo em que não desiste de gradualmente fazer com que ele se abra mais. Encontrar o equilíbrio entre dar espaço e mostrar interesse é fundamental para construir um relacionamento saudável com um "Nevasca".

Utilize as dinâmicas de emoções passadas na estratégia 3 sobre o homem expressar os sentimentos e NÃO DESISTA. Ele provavelmente terá muita resistência, reclamará, arrumará desculpas e tentará fugir desse processo, mas é importante insistir aos poucos e criar o hábito da abertura emocional. Tenha paciência, pois para ele, isso é algo desafiador.

A repetição e os reforços positivos desempenham um papel fundamental. Sempre demonstre o quanto fica feliz quando ele a elogia ou expressa seu amor. Por exemplo, se ele a elogiar, reforce dizendo algo como: "Amor, me sinto tão cuidada pelo meu homem quando você fala assim, você é incrível mesmo!". Enaltecer a masculinidade dele é crucial. Evite diminuí-lo como homem ou questionar suas habilidades como marido ou pai, pois isso pode fazer com que ele se feche ainda mais. Quanto mais seguro e valorizado ele se sentir em relação ao seu papel como homem ao seu lado, mais propenso estará a abrir pequenos espaços de vulnerabilidade emocional.

O REI

E o homem "Rei", quem ele é? O "Rei" é o que toda mulher quer.

Ele é um cara superconfiante, que assume responsabilidades e cuida do seu reino — que inclui a família, o trabalho e o relacionamento. Esse cara é equilibrado, sabe quando ser firme e quando ser carinhoso. É um líder nato e tem uma energia masculina forte e positiva.

Ele é o tipo de cara que vai te proporcionar tudo o que você merece! Ele é alguém que mantém os acordos entre vocês, tem um profundo respeito por você e não coloca em risco o seu relacionamento (ou seja, com ele, você é a Rainha!).

Ele é superatencioso às suas necessidades. Irá se esforçar para conversar sobre sentimentos, vai ouvi-la, vai levá-la para jantar, porque quer que você se sinta especial. Ele a protege, a coloca em primeiro lugar e sempre busca dar a você muito prazer na intimidade.

Ele é um homem responsável, daqueles com "H" maiúsculo, que trabalha duro pensando no bem-estar da família de vocês.

Ele é forte e possui uma masculinidade incrível!

Ele não tem medo de compromisso ou de fazer planos a longo prazo com você.

Esse homem não é perfeito, mas ele tem todas as características de que você precisa para se sentir a mulher mais segura e valorizada do mundo!

Se você está com um cara do tipo "Rei", é possível que você seja uma mulher que se valoriza e sabe exatamente o que merece num relacionamento. Juntos, vocês formam uma dupla incrível, onde um apoia o outro e crescem juntos.

Esse Rei sabe se comunicar de maneira direta e aberta. Ele compartilha seus sentimentos, preocupações e pensamentos contigo, só que com equilíbrio! Claro, ele não é do tipo que vai ficar desabafando o tempo todo ou demonstrando fragilidade como algumas mulheres fazem, mas ele se comunica. Ele não é o cara que engole tudo e guarda para si.

Ele é atencioso e respeitoso com todos à sua volta. Sabe balancear o tempo entre amigos, família e relacionamento, mostrando maturidade e responsabilidade. Se preocupa com o bem-estar de todos e tem ótimas relações com amigos e colegas de trabalho.

Esse homem encara as emoções de um jeito equilibrado e assertivo. Não foge dos problemas, procura soluções e aprendizado em cada situação. Claro, ele não é o tipo que se mostra vulnerável o tempo todo ou pede ajuda por qualquer coisa, mas ele não é extremista ao ponto de nunca fazer isso e o faz apenas quando realmente é preciso.

Ele é um homem responsável, que cumpre seus compromissos e sabe lidar com as demandas da vida. Ele é provedor para a família e busca tanto o crescimento pessoal quanto o profissional.

O "Rei" teve uma infância que, em geral, foi mais equilibrada do que a média. Seus pais souberam transmitir valores e princípios importantes desde cedo. Ele aprendeu a ser independente e a lidar com responsabilidades desde muito novo. Talvez a sua infância tenha sido difícil; no entanto, ao longo da vida, ele conseguiu ressignificar as adversidades e transformá-las em recursos a seu favor. De qualquer forma, o resultado de sua infância e criação foi positivo, refletindo claramente em suas atitudes diárias.

O "Rei" valoriza a honestidade, a integridade e a lealdade. Ele enxerga um futuro sólido para o relacionamento e trabalha para que ambos possam crescer e evoluir juntos. Ele respeita e apoia suas decisões e escolhas, sempre buscando o equilíbrio na relação.

Agora que você entende melhor o homem "Rei", vamos falar sobre como manter um relacionamento saudável e duradouro com ele.

O que é que o "Rei" quer?

No nível subconsciente, o homem "Rei" possui tendências e necessidades infantis, originadas em sua infância e relacionadas à sua criança ferida, que é algo comum a todos os seres humanos. Normalmente ele também busca validação, querendo se sentir como um homem forte, poderoso e desejado.

No entanto, o que diferencia o homem "Rei" é que ele tem um maior controle consciente da situação. Ele procura conscientemente uma mulher que o admire, que seja leal, que o apoie e que, mesmo sendo forte, permita-se ser vulnerável, dando-lhe espaço para cuidar dela e compartilhar responsabilidades.

Compreender e equilibrar esses dois níveis é crucial para manter um relacionamento saudável e duradouro com o homem Rei. Isso envolve estar atenta às suas necessidades emocionais, apoiar seu crescimento pessoal e profissional e ser uma parceira que acrescente valor à sua vida, oferecendo a base para um relacionamento sólido e gratificante.

- **Seja uma Rainha:** valorize-se e saiba o que merece em um relacionamento. Esteja ao lado do "Rei" como uma parceira igual, apoiando e sendo apoiada.
- **Comunique-se abertamente:** a comunicação é a chave para um relacionamento saudável e duradouro com o "Rei". Seja honesta sobre seus sentimentos, preocupações e desejos, e incentive-o a fazer o mesmo. Juntos, vocês podem criar um ambiente seguro para expressar emoções e enfrentar desafios.
- **Respeite e valorize sua individualidade:** entenda e respeite a individualidade de seu parceiro "Rei". Permita que ele tenha espaço para crescer e evoluir como pessoa e faça o mesmo por si mesma. Cresçam juntos, mas permitam-se crescer individualmente.
- **Fortaleçam a confiança mútua:** a confiança é fundamental em um relacionamento com o "Rei". Sejam leais, honestos e abertos um com o outro, fortalecendo a confiança entre vocês ao longo do tempo.

- **Apoiem-se nos momentos difíceis:** estejam presentes e ofereçam apoio emocional um ao outro durante os momentos difíceis. Um relacionamento forte se constrói com base no apoio mútuo e na vontade de enfrentar desafios juntos.
- **Dividam responsabilidades e tomem decisões juntos:** encarem as responsabilidades e decisões da vida juntos, como uma equipe. Isso fortalecerá o vínculo entre vocês e os ajudará a crescer como casal.
- **Cultivem a intimidade emocional e física:** para manter um relacionamento saudável e duradouro com o "Rei" é importante investir na intimidade emocional e física. Expressem amor, carinho e admiração um pelo outro regularmente e mantenham a chama acesa na vida íntima.
- **Celebrem as conquistas e aprendam com as falhas:** celebrem as conquistas, grandes e pequenas, e aprendam com as falhas. Isso mostrará que vocês valorizam o progresso e o crescimento mútuo no relacionamento.

Seguindo essas dicas, você poderá manter um relacionamento saudável e duradouro com o homem "Rei", construindo uma parceria sólida e amorosa.

Agora, se você está com um homem que não é um "Rei", mas um "Bobo da Corte", um "Leite Ninho" ou um "Nevasca", saiba que ele poderá se tornar um "Rei".

Na verdade, homens que foram criados em famílias equilibradas e saudáveis desde cedo são raros. A maioria dos "Reis" se tornou assim ao longo da vida adulta e você, como mulher, desempenha um papel essencial em inspirar essa transformação nele.

Eu mesma fiz isso no meu relacionamento.

O segredo é se tornar uma Rainha no seu relacionamento. Como você espera que ele seja um "Rei" se você mesma não for uma Rainha? Ele só irá se inspirar a se tornar um "Rei" se tiver uma Rainha ao seu lado, alguém que realmente faça sentido para ele. Por que ele se esforçaria para ser um "Rei" se a situação fosse diferente?

Muitas mulheres pensam que já são Rainhas, mas a verdade é que a maioria delas está enganada. Os homens cometem erros no relacionamento, mas as mulheres também! Se você não vive um relacionamento verdadeiro de Rei e Rainha, em que se sente completamente segura e valorizada, então você ainda não é uma Rainha. É normal errar enquanto tenta acertar, pois é a forma de lutar pelo relacionamento.

Mas se você não sabe como ser uma Rainha, pode acabar brigando, reclamando e se sentindo perdida. Só que está tudo bem! A próxima estratégia é para você.

ESTRATÉGIA 5

DESPERTANDO A RAINHA INTERIOR — UM GUIA PARA A FEMINILIDADE

Uma Rainha é uma mulher que exala segurança, confiança, magnetismo, leveza e felicidade. Ela sabe como receber do outro e, por ser tão receptiva, inspira o outro a oferecer o seu melhor. Assim, ela tende a atrair o melhor dos homens, seja atraindo homens que já são Reis ou inspirando aqueles que ainda não são a se transformarem.

No entanto, na maioria das vezes, essa mulher não alcançou esse estágio de maneira instantânea. Ela não nasceu Rainha; tornou-se uma, superando obstáculos e bloqueios que impediam o acesso a esse estado, como expliquei.

Na primeira estratégia, abri seus olhos para as máscaras comportamentais que você usa, como a tirana, a submissa, a chantagista. Estas são estratégias de proteção que criam barreiras nos relacionamentos, falhas de comunicação e conflitos. Mostrei como essas máscaras surgem, muitas vezes, da sua criança ferida, daquela sua parte machucada na infância e dos padrões familiares repetidos.

Observando nossa família, tendemos a honrar nossos antepassados mais na dor do que no amor. E na segunda estratégia, mergulhamos nas dores profundas relacionadas a pai e mãe, realizando um exercício de cura e maturidade.

Se você seguiu esses exercícios, deve ter sentido uma maior leveza na vida e já começou a se preparar para viver plenamente.

Mas existe um pilar crucial na vida de toda mulher, e sem ele não é possível alcançar o relacionamento de Rei e Rainha que você deseja. Esse pilar é a energia feminina, um lugar profundo e poderoso dentro de nós, presente em todas as mulheres, mas frequentemente sufocado ao longo dos anos.

Especialmente após a Revolução Industrial e a Segunda Guerra Mundial, as mulheres tiveram que assumir um papel crucial na provisão do lar, devido à ausência dos maridos em guerra ou que já não estavam mais presentes por conta de mudanças culturais. Surgiu, então, a noção de que não era mais necessário depender dos homens. Dadas as circunstâncias, elas tiveram que ser fortes para cuidar dos filhos e trabalhar ao mesmo tempo.

Surgiu uma nova mentalidade de força nas mulheres, uma herança de nossas ancestrais, avós e mães, e agora uma mentalidade nossa: a ideia de que precisamos ser fortes, lutar e não depender de nenhum homem.

Isso resultou em um feminino ferido, machucado, pois uma das essências do feminino é confiar, receber e relaxar. Como é possível receber, confiar e relaxar se é necessário fazer tudo sozinha, se é preciso ser autossuficiente, corajosa e poderosa? São conceitos contraditórios, que não se alinham. E isso se intensifica quando consideramos meninas que cresceram com um pai ausente ou com um pai fisicamente presente, mas emocionalmente ausente, que traía a mãe ou a maltratava, gerando uma falta de admiração pelos homens.

Isso leva ao que foi discutido no capítulo anterior: a desmasculinização dos homens na vida de uma mulher devido a essa profunda ferida com o feminino.

Por não conseguir acessar sua energia feminina e relaxar na presença de um homem, por causa de todas essas crenças criadas, a mulher acaba acessando somente sua energia masculina, seu lado mais bruto e rígido, um lado que estamos exaustas de sustentar.

Nesta estratégia, convido você a se reconectar com sua essência e finalmente se permitir ser a flor delicada que nasceu para ser.

Você pode questionar: "Lari, isso significa que devo parar de trabalhar, deixar de conquistar minhas coisas, perder minha independência?". Não é isso. Você não vai parar de trabalhar. Continuará vivendo o seu propósito no seu trabalho, mas de uma maneira mais leve, sem a necessidade de ser a única provedora.

Você ainda poderá conquistar suas coisas, mas com a confiança de que seu homem está atento, resolvendo certas questões e permitindo que você confie na liderança dele e relaxe no processo.

Isso não a tornará uma mulher fraca. Ser feminina também envolve estabelecer limites quando necessário e expressar o que é importante para você, especialmente quando seus limites são violados.

Esse aspecto do feminino pode ser desconhecido para você, e eu quero que respire e reflita sobre este novo passo que está prestes a dar. Pode ser assustador, parecer sem sentido ou até mais confortável continuar agindo como sempre fez, pois foi assim que sobreviveu até aqui. Você pode pensar que ninguém fará o que você faz. Mas isso reflete uma parte machucada em você e que não precisa mais existir. Você pode abrir as portas da sua vida, expandir sua visão e perceber uma realidade que até então parecia impossível, mas que agora está ao seu alcance.

Abraçar sua feminilidade traz inúmeros benefícios. Ser uma mulher feminina, uma Rainha feminina, aliviará o peso do cotidiano e abrirá espaço para mais risadas, felicidade, elogios e presentes inesperados do seu marido ou namorado.

Minhas alunas do curso Vida de Rainha compartilham experiências surpreendentes. Elas relatam como passaram a receber buquês de flores inesperados, pedidos de casamento longamente aguardados, viagens, declarações de amor. Elas se tornaram tão magnéticas que seus namorados e maridos se sentem motivados a agradá-las, elogiá-las e a se transformar no homem que elas merecem.

É maravilhoso viver uma vida assim! Quero que você compreenda que é o prêmio na vida de qualquer homem. Um homem fará tudo para tornar a mulher que o inspira feliz. Para um homem verdadeiramente masculino, sua missão principal é garantir a felicidade de sua mulher. Para ele, a felicidade dela é sua prioridade, trazendo alegria e significado à sua existência.

Entenda que escolher ser leve é uma decisão poderosa para qualquer mulher. Você decide quando ser leve e quando não ser. Escolhe as batalhas que quer enfrentar. Uma Rainha sabe quais batalhas são necessárias, mas na maioria das vezes prefere evitá-las, pois trazem sofrimento, dor, brigas, inseguranças e disputas ao seu reino. Ela só opta por batalhas quando é absolutamente necessário. No dia a dia, o que buscamos é paz e leveza. E você só terá um Rei ao seu lado quando você mesma se tornar uma Rainha – doce, amorosa, que se dá o amor que espera receber dos outros.

Não é necessário viver sob o mesmo estresse que marcou a vida de sua mãe para sentir-se valorizada. Há uma tendência inconsciente em adotar um comportamento controlador, um tanto agressivo e desconfiado em relação aos homens, uma identificação com a figura materna e as adversidades que ela enfrentou. É possível que, sem perceber, você esteja imitando esses padrões como uma maneira de prestar homenagem à sua mãe.

Considere duas mulheres: uma que aceita ajuda e cuidados, e outra, mais masculinizada, que insiste em fazer tudo sozinha, orgulhosa de sua independência, rapidez e habilidade em multitarefas. Qual delas receberá mais ajuda? Certamente a primeira, pois ela está aberta a isso. Quando um homem faz algo por ela, ele se sente valorizado e necessário.

Um homem não investirá sua energia onde ela parece não ser bem-vinda. Ele buscará outros lugares para oferecer ajuda e buscar validação feminina, frequentemente porque não a encontra em casa. Se ele não se sente necessário ou se tudo o que faz parece estar errado, naturalmente procurará alguém que valorize suas ações. E é aqui que muitas vezes surge a infidelidade e os relacionamentos se desgastam, quando o homem não se sente valorizado e a mulher não vê valor nele.

Não estou dizendo que é sua culpa se um homem for infiel, mas há uma dinâmica inconsciente em que ambos contribuem, quer você perceba ou não.

Então, é muito importante que você largue mão do controle e permita ser guiada.

Não é preciso constantemente se provar incrível, competente, ágil ou capaz. Esse impulso por aprovação vem da sua criança interior, que sentia a necessidade de agir assim para ser aceita. Saiba que você naturalmente possui todas essas qualidades e pode se tranquilizar com essa consciência.

PERGUNTAS & RESPOSTAS

Sempre que eu trago esse tópico sobre feminilidade, recebo diversas perguntas. Vou trazer algumas delas para vocês.

Pergunta:

"Lari, no trabalho, uso minha energia masculina de liderança, limites e assertividade. Quando chego em casa, tenho dificuldade de ser feminina, pois parece uma extensão do meu trabalho. Como faço essa transição?"

Resposta:

Entendo quando você diz que precisa manter uma energia assertiva no trabalho e enfrenta dificuldades em deixá-la ao chegar em casa. A realidade, porém, é que muitas mulheres se convencem de que precisam manter essa energia tanto no trabalho quanto em casa, e isso acaba por se transformar em frustrações descontadas no marido.

Devido ao desgaste de usar a energia masculina no trabalho, ao chegar em casa, você já está saturada de tanto tomar decisões, resolver problemas, lidar com o estresse da rotina e a falta de tempo, em uma vida que não a satisfaz completamente. Assim, você acaba descontando todas essas frustrações no seu parceiro, especialmente se sentir que ele não está atendendo suas expectativas de suporte e segurança. Você tenta controlar a situação, acreditando saber a melhor maneira de gerenciar a casa e as finanças.

Portanto, é essencial permitir-se estar em um novo lugar, um lugar de relaxamento e confiança no masculino. Isso pode significar enfrentar desafios, como no meu caso, quando a luz foi cortada. Essa experiência surgiu quando eu estava deixando de ocupar o lugar masculino, abrindo espaço para o André. Vimos a discrepância entre o que eu desejava que ele fosse e quem ele realmente era. Ele precisava se tornar esse homem masculino ou a vida desandaria, pois eu não iria mais preencher aquele lugar.

Até chegarmos aonde estamos hoje, comigo no lugar feminino e ele no seu lugar masculino, enfrentamos problemas que precisávamos ver acontecer. Assim, quando a luz foi cortada, enfrentamos o desafio juntos e ele resolveu o problema. Isso nos fez mudar a maneira como agíamos.

Quando chegar do trabalho, é importante deixar de lado a "capa" do ambiente profissional. Reconheça que, em casa, o seu papel como esposa e mãe é extremamente importante, um papel de honra que só você pode desempenhar. Você é absolutamente indispensável.

Se ainda assim achar difícil fazer essa transição, crie um ritual de relaxamento ao chegar em casa. Talvez um banho relaxante à luz de velas, ouvir uma música tranquila, passar o sabonete calmamente pelo corpo, permitindo-se desfrutar do momento. Depois, vista um pijama confortável, preparando-se para entrar na energia necessária para ser a Rainha feminina do seu lar.

Pergunta:

"Lari, eu peço ajuda a ele, peço para resolver as coisas, quero receber, quero que ele aja, mas ele não faz e acabo tendo que fazer eu mesma. O que eu faço?"

Resposta:

O que muitas vezes acontece é que você pode estar sobrecarregando seu parceiro com tantos pedidos e cobranças, que ele acaba ficando perdido, sem saber por onde começar. Uma mulher que reclama constantemente acaba não recebendo nada, porque se tudo é uma reclamação, nada do que ele faz parece suficiente.

É vital pedir ajuda apenas para o que realmente é necessário, o que realmente faz sentido. Algumas mulheres, na tentativa de serem femininas, começam a pedir ajuda para tudo, mas isso não define a feminilidade. Ser feminina é criar espaço para que ele resolva as coisas, pedindo delicadamente e respeitando o tempo dele.

Muitas mulheres têm dificuldade em esperar o tempo do outro. Na infância, seu próprio tempo foi frequentemente ignorado, com as mães exigindo que fossem ágeis e prestativas. Então, na vida adulta, esperam que o parceiro atenda às suas necessidades imediatas, agindo mais como uma mãe do que como uma parceira, sem permitir que o homem sinta que tem o respeito e o espaço para fazer as coisas no seu próprio tempo.

Lembre-se de que, ao dizer "Ah, eu já estou fazendo isso", "Ai, eu não consigo", "A nossa dinâmica não muda", você está negando sua parcela de responsabilidade, presumindo que já está fazendo tudo perfeitamente, sem nada a melhorar no relacionamento.

Essa geralmente é uma postura arrogante que mostra falta de entendimento sobre a importância de olhar para dentro e rever algumas atitudes no dia a dia.

Pergunta:

"Lari, vendo tudo isso, me parece que vou ter que agir como uma mulher submissa, que estou sendo ridícula fazendo isso, que estou interpretando um personagem. É assim mesmo?"

Resposta:

Entendo perfeitamente esse tipo de questionamento. Eu também tive a mesma sensação. Eu achava que ser feminina era ser feita de trouxa, achava que era ser fraca, achava que era ser menor que os homens. Eu não entendia que acessar a minha feminilidade, na verdade, era um poder, que era aí onde estava a minha real força. Era aí onde eu seria de fato respeitada, apreciada e valorizada por quem sou, pela minha natureza.

Às vezes, você pode se surpreender sendo dura, sempre apontando erros ou sendo super rigorosa, e acredita que precisa ser assim para enfrentar a vida. Mas lembre-se: isso é só uma capa que você usa, não é quem você realmente é.

As meninas, quando crianças, são doces, são meigas, são leves, são sonhadoras, são criativas. Então, você precisa apenas acessar esse lugar e permitir que ele exista. Precisa entender que existe um monte de crenças do seu sistema familiar te dizendo que ser feminina é ser fraca, mas na verdade é o seu maior poder.

Não existe nada mais bonito e mais satisfatório do que poder entregar isso para o mundo e consequentemente ser valorizada.

Muitos homens desejam uma mulher que inspire seu lado resolvedor, que os motive a prover e liderar. Frequentemente, eles nem percebem o quanto isso é essencial até encontrarem alguém que desperte esse aspecto masculino, o que os faz se sentirem mais vivos e dá um sentido maior à vida deles.

Pergunta:

"Como saber quando ser feminina e quando estabelecer meus limites? Ele me irrita e, quando percebo, já estou gritando."

Resposta:

Quero que entendam que ser feminina não significa aguentar tudo em silêncio ou ser submissa. Não é isso que espero de vocês. Nós não vamos silenciar nossas vozes como fizeram nossas antepassadas. Não é questão de ir ao extremo da tirania ou da submissão, mas encontrar um ponto de equilíbrio, compreendendo que, na maioria das vezes, a comunicação deve ser feita de forma doce e amorosa, pois isso nos beneficia.

Quando saímos do nosso centro, gritando e nos estressando, liberamos cortisol em nosso corpo, e isso nos prejudica muito. Utilizar essa energia agressiva ou assertiva só se justifica em situações verdadeiramente inaceitáveis.

Por isso, Rainhas têm uma lista do que é inaceitável para si, das coisas que não aceitam de forma alguma. Elas utilizam sua energia assertiva para comunicar essas regras e limites.

Fora desses casos, não faz sentido abandonar nossa doçura e leveza. O caos que muitas mulheres vivem não é normal. Quando você entende isso, quando sai do caos e das crises emocionais, percebe o quão leve a vida pode ser e quanto mais você deseja ser feminina por si mesma, muito mais do que pelo outro.

Agora, vou compartilhar com você os pilares fundamentais de uma Rainha feminina. É muito importante entender bem esses princípios para que você possa usá-los no seu dia a dia. Isso vai ajudá-la a seguir o caminho para uma vida mais tranquila, alegre e completa.

PILARES ESSENCIAIS DE UMA RAINHA FEMININA

Pilar 1 — Boa recebedora

A Rainha que se reconhece na sua verdadeira essência feminina sabe valorizar cada momento e cada presente que a vida lhe traz. Satisfação e felicidade são as marcas daquela que vê a vida como uma série de dádivas a serem apreciadas. Ao contrário daquela que sempre quer mais, a Rainha entende que a verdadeira riqueza vem de apreciar o que já tem. Ela percebe que a insatisfação é uma vibração de vazio e faz a escolha consciente de se concentrar nas riquezas de sua vida.

Ao nutrir um espírito de gratidão, ela se abre para o fluxo de mais beleza e abundância em sua jornada. Ela sabe que quando vive em um estado de gratidão, a vida se desdobra de maneiras inesperadamente generosas. Ser grata é mais do que um ato; é uma postura perante a vida que convida ainda mais alegrias e conquistas. A Rainha grata é aquela que prospera.

Pilar 2 — Alimenta, protege e ajuda a desenvolver seus filhos

Dentro da família, no seio do lar, a mulher desempenha um papel absolutamente insubstituível. O mais belo e especial papel que qualquer mulher pode desempenhar é cuidar de sua família e contribuir para o florescimento de seus filhos. É uma tarefa maravilhosa ajudá-los a crescer com honra, valores, propósito e confiança. Não há nada mais gratificante do que transmitir o presente especial que recebemos de nossos pais, que é a própria vida.

Além disso, toda mulher honra sua mãe, que é sua primeira referência do feminino, quando consegue perpetuar esse dom precioso que é ser mãe.

Pilar 3 — Acolhe seus sentimentos

A feminilidade está intimamente ligada à compreensão de que todos os seus sentimentos são válidos e têm um espaço dentro de você. A raiva, a tristeza, o medo, a felicidade, a alegria e o êxtase pela vida — todos têm seu lugar e sua beleza. Eles servem a um propósito: expressar nossas emoções, encontrar a felicidade, reconciliar-se com os outros, refletir interiormente e aprender. Lutar contra nossos sentimentos é lutar contra nossa própria essência e negar nossa natureza, que é naturalmente rica em sentimentos intensos.

A mulher, em particular, tem maior capacidade de olhar para os próprios sentimentos. Quando ela se torna mestra desses sentimentos, não há nada mais poderoso. Além de potencializar seu poder pessoal, ela também pode ajudar outros a equilibrar suas próprias emoções.

Pilar 4 — Ela é amorosa com seus próprios defeitos

Cada uma de nós nasce com qualidades únicas que são essenciais ao nosso propósito na vida. Nada em nossa existência é por acaso; cada traço de nossa personalidade tem sua função. Entendemos que os pontos que precisamos polir são oportunidades para crescimento e os encaramos com compaixão e compreensão, sem nos julgar ou nos criticar. Aceitamos que essas são as características que compõem quem somos e nos dedicamos a melhorar um pouco mais a cada dia.

Pilar 5 — Ela fala de forma calma e gentil

Toda mulher feminina, toda Rainha feminina, está tão em paz consigo mesma que não sente a necessidade de falar rapidamente, atropelando as palavras. Ela não precisa se expressar de maneira áspera, ferindo os outros, nem se calar para evitar incomodar. Existe, sim, uma necessidade genuína de expressar seus pensamentos de forma tranquila, sabendo que será ouvida, pois suas palavras são importantes.

Além disso, ela se dá atenção, reconhecendo a própria importância. Essa autoconfiança faz com que as pessoas naturalmente encontrem seu discurso magnético, leve e agradável.

Pilar 6 — Ela se move de forma feminina e graciosa

Tal como ressaltado anteriormente, viver a feminilidade significa abraçar a vida com leveza, sem a pressa de alcançar um destino predeterminado.

Portanto, a Rainha escolhe se deslocar com suavidade, deixando cada passo acontecer naturalmente. Ela está longe de qualquer corrida. A vida lhe proporciona o privilégio de viver de acordo com o seu tempo e é essa tranquilidade que empresta elegância e uma sensualidade fluída ao andar de uma mulher que aceitou sua verdadeira feminilidade.

Pilar 7— Faz a agenda do seu lugar feminino

Muitas mulheres com uma abordagem mais masculina estruturam suas agendas de forma rígida, sentindo a necessidade de estarem sempre em performance, 24 horas por dia. Elas não se permitem momentos de prazer, e é importante lembrar que o prazer é intrinsecamente feminino. Receber prazer e relaxar nele é uma expressão da feminilidade. Quando adotamos uma rotina dura, inflexível e sobrecarregada, acabamos não nos permitindo relaxar nem respirar, tornando quase impossível acessar o aspecto feminino dentro de nós.

Somos frequentemente induzidas a adotar um comportamento masculino, focando metas e imitando o que os homens fazem, como trabalhar o dia todo sem dedicar um momento para nós mesmas.

Pilar 8 — Permite-se ter pausas durante o dia

Como você pode perceber, uma rotina feminina é marcada por intervalos — momentos para comer com calma, respirar serenamente e apreciar a beleza ao redor, como a natureza, além de incluir hobbies ao longo do dia. É essencial ter tempo para se arrumar com tranquilidade, cuidar daqueles que você ama com calma e amar com calma.

Então, é importante que você separe momentos de pausas para sentir prazer no que a rotina já nos oferece.

Pilar 9 — Não responde nada na hora, pensa com calma

Responder imediatamente e sem reflexão geralmente está ligado à nossa reatividade e defesas internas. Muitas vezes, nem paramos para pensar realmente sobre o assunto. É como se sentíssemos a necessidade de ter todas as respostas prontas, como uma forma de provar nosso valor. Mas não é necessário agir assim.

Podemos ponderar com serenidade se desejamos ir a determinado lugar, estar com certas pessoas, responder a uma pergunta ou fazer um favor que nos foi pedido. Não é preciso dar uma resposta instantânea. Temos a liberdade de pensar, refletir e agir de acordo com o que sentimos, fazendo o que é melhor para nós.

Pilar 10 — Sabe os seus limites e não tem medo de colocá-los

Como dito anteriormente, a feminilidade não equivale à submissão, ao silêncio ou à permissividade diante dos desejos alheios. Ser uma mulher feminina significa ter sabedoria para escolher suas lutas com discernimento, entendendo quais delas merecem seu esforço. Isso envolve um profundo entendimento dos seus valores e limites, e saber quando é essencial se posicionar com firmeza e quando é melhor deixar alguma coisa passar. É sobre conhecer a si mesma e agir com autenticidade e assertividade quando for necessário.

Pilar 11 — Sabe que a beleza é uma ferramenta poderosa

Uma Rainha dedica atenção ao próprio corpo, buscando sentir-se bem em sua própria morada. Ela escolhe vestimentas que a valorizem, peças que, ao olhar no espelho, a fazem sentir-se bem. Se a maquiagem for algo que a faz sentir mais feminina e ampliar seu magnetismo, ela a utiliza. Ela também prioriza beber água e se alimentar de forma saudável.

Essa mulher vive em harmonia com uma rotina de amor-próprio. Ela compreende que o reconhecimento externo só vem quando ela se reconhece e se cuida internamente. Ela entende que a beleza tem um propósito: as mulheres são naturalmente belas por uma razão. Somos capazes de seduzir com um simples olhar. Por isso, quando usamos essa ferramenta de forma consciente, ela se transforma em uma arma poderosa.

Pilar 12 — Não tem todas as respostas, permite-se ser liderada

Quando estamos em paz com quem somos, quando não sentimos a necessidade de provar algo a ninguém, quando nos desvinculamos de uma postura masculina rígida e competitiva, percebemos que não precisamos ter todas as respostas. Podemos confiar que nosso parceiro possui a maioria delas e, caso não as tenha, ele buscará soluções. Mesmo que as soluções dele sejam diferentes das nossas, elas podem ser as melhores para a nossa família e adequadas ao contexto em questão.

Nessa sintonia de relaxamento, permitimos que a carga mental de pensar em todos os problemas, em tudo que pode dar errado e em todas as tarefas a realizar seja assumida pelo homem. Assim, podemos simplesmente relaxar e confiar, livrando-nos desse peso mental.

Pilar 13 — Confia na sua intuição e acessa a sua espiritualidade

A mulher verdadeiramente feminina sabe que não anda sozinha. Existe uma presença maior guiando seus passos: Deus. Conectar-se com Ele é essencial para florescer. Nos últimos tempos, entendi que não dá para viver plenamente o feminino sem me render a essa presença, sem pedir ajuda, sem dobrar os joelhos quando o coração aperta. A mulher que se entrega a Deus aprende a falar com Ele como com um amigo íntimo. Ela busca respostas no silêncio, confia mesmo sem entender e segue a paz, mesmo quando o mundo aponta outro caminho. Ouvir a voz de Deus exige entrega e presença, mas uma vez que ela aprende, não quer mais viver no automático. Ser feminina também é ser filha e saber que, mesmo nos dias difíceis, está sendo cuidada. E é nesse lugar de entrega que nasce sua força mais verdadeira. Quando está conectada com Deus, ela floresce por dentro e esse florescer se espalha. Ela se torna uma mãe mais presente, uma esposa mais sábia, e sua casa sente. O lar se enche de leveza, de direção, de vida. Porque uma mulher conectada com Deus transforma o ambiente ao seu redor, simplesmente por existir em paz.

Pilar 14 — Ela ama ser mulher

Ela não se queixa do período menstrual, nem dos desafios de ser mulher. Ela entende que ser mulher envolve um preço, tanto pelas delícias quanto pelas dificuldades de existir dessa maneira neste mundo. E ela aprecia pagar esse preço. Celebra tudo o que significa ser mulher. Assim, deixa de lamentar as particularidades femininas e começa a expressar gratidão por todas as experiências que permitem vivenciar o belo papel de ser mulher.

Pilar 15 — Sabe que estar com uma Rainha feminina é como estar de férias de uma vida difícil

Quando um homem está ao lado de uma mulher desse tipo, é como se ele estivesse de férias. Ele se sente como se tivesse entrado em um ambiente de felicidade e positividade, onde pode relaxar após um dia desafiador e repleto de preocupações exaustivas que ele enfrenta pelo bem-estar e futuro da família. Sua presença doce, amorosa e leve é uma verdadeira recompensa para ele.

Você aprecia poder proporcionar esse conforto a ele, assim como gosta de ter um parceiro que lida com as questões mais difíceis, poupando você dessas preocupações.

Então, ficou claro para você o que significa ser uma Rainha feminina? Espero que sim. É um estado de ser especial, único e mágico, e quando a mulher se permite vivenciá-lo, a vida adquire um novo significado. É como acordar todos os dias e perceber a vida como um grande presente.

A seguir, compartilharei algumas afirmações para você repetir diariamente diante do espelho, para que possa se conectar constantemente com essa energia maravilhosa dentro de você, que é a energia feminina.

Eu sou a expressão da suavidade.

Eu descanso na minha energia feminina.

Minha suavidade e compaixão
é percebida por todos à minha volta.

Eu ando de forma feminina, sem pressa.

Eu me comunico com elegância.

Eu quero viver uma vida agradável
com experiências agradáveis.

Eu sou grata pela minha sensualidade.

Meu corpo é minha casa.

É um presente ter nascido como mulher.

Eu adoro cada pedaço de mim.

Eu amo receber e faço com amor,
valorização e reconhecimento.

Eu ofereço espaço para os outros
proverem valor para mim.

É seguro para mim receber.

Eu sou digna de respeito e comunico
meus valores e limites de forma fácil.

Eu aceito meus sentimentos.

Eu confio na minha intuição.

Eu tenho beleza e me conecto
com ela de forma esplêndida.

Eu sou confiante e exalo isso.

Eu cuido de mim, sou uma boa mãe
nutridora para minha criança interna.

Eu sou filha de Deus, criada com amor, digna
de ser cuidada, protegida e celebrada.

ESTRATÉGIA 6

HÁBITOS QUE TODO CASAL DE REI E RAINHA DEVE TER

Quando vivemos no automático, como a maioria das pessoas faz, não conseguimos construir um relacionamento que se destaque. Não criamos um relacionamento de Rei e Rainha. Se eu quiser ser como a maioria, basta fazer o que todo mundo faz e me conformar em ser mediana, seguindo o fluxo, fazendo sempre as mesmas coisas. E, vivendo assim, o que você pode esperar? Será que vai conquistar um relacionamento que dá certo?

A verdade é que a maioria dos relacionamentos não dão certo. Mesmo aqueles que duram vinte, trinta anos, muitas vezes só duram porque uma das partes se anula. Uma das pessoas deixa de existir, só suporta e aceita tudo o que a outra faz, achando que a duração do casamento é sinal de felicidade ou sucesso. Essa é uma ideia bem estranha, mas ao mesmo tempo muito comum.

Mas não é porque o seu casamento já dura trinta anos que ele é bom, que vocês são felizes ou mesmo que ele seja um relacionamento saudável. Você pode estar em um casamento péssimo. E eu digo isso da forma mais sincera para que você entenda que tempo de união não é sinônimo de qualidade.

Se você não quer viver neste estado de "a situação está ruim e eu estou vivendo como se não estivesse", quer conquistar um relacionamento de Rei e Rainha, quer estar "aberta" e "pronta" para um relacionamento feliz e saudável, vou te ensinar dez hábitos importantíssimos.

HÁBITO 1: COMPARTILHAMENTO DE RAÍZES

O primeiro hábito importantíssimo que todo casal de Rei e Rainha precisa ter é contar as suas histórias de infância e aprender com as dores um do outro.

"O que você quer dizer com isso, Larissa? Por que é tão importante contar as histórias da minha infância?" A maioria de nós vive na superfície, lidando com os mesmos problemas superficiais nos relacionamentos, como ciúmes bobos, insegurança, brigas por senhas de celular, olhares desviados e bloqueios no WhatsApp durante discussões. Vivendo assim, estamos apenas arranhando a superfície, enquanto existe um oceano de profundidade no outro que ainda não exploramos.

Quando as discussões recorrentes, lutas por atenção ou respeito e críticas por trivialidades dominam o seu relacionamento, vocês estão apenas arranhando a superfície, presos à primeira, e mais superficial, camada em que muitos casais se encontram. No entanto, ao escolherem explorar as histórias e profundidades um do outro, vocês extrapolam para níveis mais profundos de compreensão, semelhante ao iceberg que afundou o Titanic, que, apesar de parecer meramente um bloco de gelo na superfície, ocultava sob a água uma massa imensa responsável pelo desastre. Da mesma forma, em um relacionamento, os problemas aparentes são apenas a ponta do iceberg, sendo as questões mais profundas e verdadeiras aquelas submersas, aguardando para serem descobertas e resolvidas.

Sem compreender as profundezas um do outro, nunca será possível ter empatia pelos processos internos de cada um.

Tomemos como exemplo o caso de uma aluna que chamarei de Amanda, sempre envolvida em brigas por ciúmes e insegurança, como um disco arranhado. Quando Beto, nome fictício, decide entender as razões por trás desses sentimentos, ao conhecer as histórias de Amanda, ele descobre traumas passados e medos profundos. Isso muda tudo.

Ao explorar as camadas de suas histórias pessoais, casais muitas vezes descobrem que estão repetindo padrões familiares de traição e desconfiança. Essa conscientização pode ser transformadora, alterando fundamentalmente a dinâmica do relacionamento e pavimentando o caminho para a mudança ao reconhecer e interromper ciclos de comportamentos herdados.

Aprofundar-se nas narrativas da infância de cada um transcende a mera troca de histórias; é um exercício de empatia para desvendar as raízes de dores e atitudes. Entender a causa de certas ações não é desculpa para aceitar condutas prejudiciais, mas uma estratégia para tratar os problemas em sua origem, promovendo uma mudança mais eficaz e sustentável.

Enfrentar os ecos do passado, como o alcoolismo ou a infidelidade que marcaram suas famílias, permite que o casal se arme com o conhecimento e a consciência necessários para interromper esses padrões. Esse grau de percepção é vital, pois viabiliza a cicatrização de feridas antigas e encoraja a escolha de trajetórias mais saudáveis e deliberadas para o futuro do relacionamento.

Então, o primeiro hábito de compartilhar histórias de infância é fundamental porque, ao conhecer profundamente o outro, abrimos espaço para a empatia, a compreensão e, finalmente, a transformação. Isso é o que diferencia um casal consciente, que busca não repetir os padrões, mas honrar suas histórias fazendo escolhas diferentes e saudáveis para o seu relacionamento.

HÁBITO 2: CULTIVAR A CURIOSIDADE

O segundo hábito que todo casal aspirando a ser como Reis e Rainhas deve adotar é a "Curiosidade Profunda". Isso envolve mostrar um interesse genuíno e profundo pelos temas, conversas e hobbies do parceiro.

O egoísmo infantil, típico da primeira camada de relacionamento, onde cada um olha apenas para os próprios problemas e desejos, sem se importar com os do outro, é um grande obstáculo para a maturidade do relacionamento. Por exemplo, se o seu parceiro adora partidas de futebol e você não, ao invés de ignorar ou desprezar esse interesse, tente entender o que ele vê nisso. Talvez, até possa participar assistindo a uma partida juntos, para que ele se sinta reconhecido e incluído.

O desinteresse pelas paixões do outro é um reflexo de egoísmo profundo. Se ele gosta de estar com amigos ou ela ama fazer compras, mostrar irritação ou desdém por essas atividades falha em valorizar o que torna única a pessoa amada. A pergunta que se deve fazer é: quais são os interesses, hobbies e assuntos que o seu parceiro valoriza e como você pode demonstrar interesse verdadeiro por eles?

O desinteresse mútuo é a razão pela qual muitos casais ficam sem assunto para conversar durante as refeições. A dependência do celular e a dispersão de atenção que acompanha o uso constante desse aparelho nos momentos que deveriam ser de conexão direta com quem amamos são sinais de que estamos desperdiçando oportunidades preciosas de estar presentes.

Lembrar que a vida é efêmera e que todos vamos morrer deve nos incentivar a valorizar cada momento com aqueles que amamos.

Por isso, demonstrar curiosidade pelo parceiro não apenas melhora a relação, mas também ajuda a fortalecer o vínculo entre vocês, fazendo com que ambos se sintam vistos e valorizados.

Reconhecer o próprio egoísmo e passar a se interessar sinceramente pelo parceiro pode revolucionar a relação. Quando vocês se dedicarem às paixões um do outro, a dinâmica entre vocês vai melhorar consideravelmente, resultando em uma sensação profunda de ser amado e valorizado.

HÁBITO 3: ESTABELECER UM INTERESSE COMUM

Esse hábito consiste em encontrar um tema ou atividade que ambos apreciem e possam compartilhar, construindo juntos uma narrativa e conversas agradáveis quando estiverem juntos.

Muitos casais lutam com a falta de assunto para discutir, recorrendo muitas vezes a falar sobre a vida alheia, o que é um indicativo de que não conseguiram estabelecer interesses comuns significativos em suas próprias vidas. Ter um tema em comum não apenas enriquece as conversas, mas também fortalece a conexão entre o casal, permitindo-lhes construir algo juntos, além de evitar a negatividade de se concentrar em fofocas ou na vida de terceiros.

Seja um negócio conjunto, um esporte, hobbies como videogame, planos de viagem, exercícios físicos, política, religião ou qualquer outra atividade que ambos valorizem, o importante é que esse tema em comum seja algo que traga alegria, excitação e crescimento para ambos. Isso pode variar amplamente entre casais, mas o fundamental é a partilha e o interesse mútuo, criando uma base sólida para o relacionamento.

Portanto, esse hábito vai além de simplesmente compartilhar interesses; trata-se de cultivar um espaço compartilhado de crescimento, descoberta e alegria, onde ambos se sentem valorizados e conectados. Isso também ajuda a manter as conversas frescas e interessantes, afastando-se da monotonia e do desinteresse que pode surgir quando os casais não têm atividades ou interesses compartilhados para discutir, como:

- **Culinária e gastronomia:** explorar novas receitas e cozinhar juntos pode ser uma experiência de união e descoberta.
- **Atividades ao ar livre:** caminhadas, ciclismo ou canoagem permitem desfrutar da natureza e praticar exercício físico.
- **Dança:** participar de aulas de dança ou simplesmente dançar juntos em casa pode ser uma forma divertida e íntima de passar o tempo.
- **Jogos de tabuleiro e quebra-cabeças:** oferecem entretenimento e desafios mentais, além de estimular a competitividade saudável e o trabalho em equipe.
- **Voluntariado:** trabalhar por uma causa em que ambos acreditam pode ser uma experiência enriquecedora e de construção de caráter.
- **Jardinagem:** cultivar um jardim ou cuidar de plantas de interior pode ser uma atividade relaxante e gratificante para o casal.
- **Yoga e meditação:** praticar juntos essas atividades pode aumentar a sintonia e o bem-estar físico e mental do casal.

- **Aprendizado de idiomas:** estudar uma nova língua juntos não só é útil para viagens, mas também é um exercício intelectual compartilhado.

HÁBITO 4: INOVAÇÃO NA INTIMIDADE

No tecido complexo que compõe as relações humanas, um dos fios mais vibrantes e delicados é o da intimidade sexual. A sexualidade está longe de ser apenas um ato físico; é uma dança de emoções, uma comunicação sem palavras, uma expressão de amor e desejo que precisa sempre ser renovada para que possa manter sua vitalidade.

Com o tempo, muitos casais acabam navegando em águas tranquilas e previsíveis, em que as carícias e os sussurros parecem ser apenas uma lembrança da paixão que no passado foi exploradora e fervilhante. A confortável familiaridade pode esconder a chama vibrante do desejo. Quando isso acontece, sugiro que busquem o novo hábito de inovar na cama, uma prática que precisa transcender a simples busca por novidade, sendo de fato uma celebração da curiosidade mútua e do desejo de satisfazer e ser satisfeito.

Inovar na cama é redescobrir o outro, é entrar em territórios desconhecidos com a confiança de quem caminha junto. É o sussurro de um novo desejo, que pode vir com a experimentação de uma nova posição, a introdução de jogos sensuais ou mesmo o compartilhar de fantasias até então silenciadas. Cada novo elemento pode aprofundar ainda mais a relação íntima do casal.

Este hábito é uma viagem que requer coragem, comunicação e vulnerabilidade. Significa se abrir para o outro, expressar seus desejos mais profundos e escutar com a mesma intensidade. A inovação sexual é uma forma de diálogo, em que cada gesto e cada palavra contribuem para a construção de um repertório de prazer compartilhado que celebra tanto a individualidade quanto a união.

- **Diálogos desinibidos:** marquem um encontro para discutir gostos e preferências. Criem um espaço seguro onde possam expressar-se livremente, sem julgamentos.
- **Jogos sensuais:** introduzam jogos eróticos que desafiem e expandam os limites da excitação, como rolar dados com ações e partes do corpo, ou jogar cartas em que cada naipe corresponde a um tipo de carícia.
- **Literatura erótica:** leiam histórias ou romances eróticos juntos ou escrevam suas próprias narrativas para compartilhar e encenar.
- **Workshops e educação:** participem de workshops sobre sexualidade, técnicas de massagem sensual ou cursos on-line sobre novas práticas eróticas.
- **Brinquedos para adultos:** explore o uso de brinquedos eróticos juntos, escolhendo algo que desperte a curiosidade de ambos. Pode ser algo suave para começar, como plumas para fazer cócegas ou óleos de massagem, ou algo mais avançado, como vibradores ou algemas.
- **Roupa íntima e fantasias:** experimentem com lingerie, roupas íntimas e fantasias que possam desencadear a imaginação e estimular o desejo.
- **Ambientes novos:** mudem o cenário habitual, arranjem um quarto de hotel, acampem sob as estrelas ou simplesmente

redecorem o quarto para criar uma atmosfera nova e estimulante.

- **Exploração sensorial:** vendem os olhos um do outro e explorem os sentidos com diferentes texturas, temperaturas e sabores.
- **Dança e strip-tease:** aprendam juntos a arte do strip-tease ou façam uma dança sensual um para o outro, usando a música para guiar os movimentos e a expressão de desejo.

Lembre-se: enquanto navega por esse oceano de possibilidades, é muito importante que o respeito mútuo e o consentimento sejam as únicas regras. A inovação na cama não é uma corrida em busca do extraordinário, mas uma exploração conjunta que respeita os limites e confortos de cada um. É como construir uma ponte sobre a qual vocês possam cruzar juntos, para chegarem a um lugar onde a paixão é renovada e a conexão é fortalecida.

HÁBITO 5: PRIORIZAR O PEDIDO DE DESCULPAS

O quinto hábito, muito importante para todo casal que se considera realeza, é saber pedir desculpas em vez de ficar apontando o dedo para os erros um do outro. Isso é superimportante! Temos a mania de querer mostrar onde o outro está errando, mas esquecemos de olhar para as próprias falhas.

Durante minha própria evolução para me tornar Rainha no meu relacionamento, percebi que precisava pedir desculpas várias vezes, sempre que eu fosse grossa, levantasse a voz, ou agisse de forma rude.

Hoje em dia, se eu escorrego e sou grosseira, ainda peço desculpas imediatamente. Eu reconheço, refletindo e dizendo: "Poxa, fui grossa agora, né? Desculpa, não foi legal da minha parte".

Isso hoje acontece quase que instantaneamente. Tem vezes que, enquanto estou falando, já noto que vou ser grossa e já me desculpo rapidamente. E isso tem se tornado cada vez mais raro, mas quando acontece, eu não hesito em pedir desculpas, porque, no fim das contas, prefiro que meu parceiro se sinta amado e respeitado do que ficar alimentando o meu ego.

Muitas pessoas têm dificuldade em pedir desculpas, achando que estão sempre certas ou justificando suas ações como reações ao comportamento do parceiro. Mas a verdade é que ninguém está pedindo para ser tratado de forma ruim. Infelizmente precisei aprender isso da maneira mais dura.

Assumir responsabilidade pelas próprias ações é fundamental. Achar que o comportamento do outro justifica a falta de respeito é um erro. Respeito mútuo é a base de qualquer relação saudável, e nada justifica faltar com respeito.

Então, a dica é: peça mais desculpas e foque menos apontar os erros. Você não ganha nada mantendo seu ego, mas ganha muito fazendo o outro se sentir especial e visto. Quando eu mudo minha postura e peço desculpas, vejo como isso fortalece nosso vínculo, promovendo um ambiente de respeito e compreensão mútua.

HÁBITO 6: ILUMINAR COM ELOGIOS

O próximo hábito, que tem muito a ver com o anterior é sobre deixar brilhar seu lado luminoso, aquele que muitas vezes guardamos só para nós, deixando o lado sombrio tomar conta. A verdade é que muitas vezes nos machucamos e acabamos descontando nos outros. Mas a ideia é justamente fazer o oposto: trazer à tona nosso lado de luz.

A chave para alcançar essa condição superior é elogiar mais do que criticar. Ao longo dos meus atendimentos e depois de muito estudo, percebi claramente que elogiar ensina mais do que criticar. A crítica pode ser um gatilho enorme para o outro. Ela pode fazer com que a pessoa se feche ou fique na defensiva.

Considere a crítica como um gatilho que dispara uma reação negativa, enquanto o elogio é como um abraço que acolhe e ensina. Se você fica só no "você nunca faz nada direito" ou "você sempre esquece o que eu peço" só produzirá mais tensão entre o casal. Mas se você mudar o disco e começar a dizer "eu adoro quando você faz isso", exaltando os pontos fortes nele, você criará um ambiente muito mais positivo.

Por exemplo, em vez de reclamar que ele chegou cinco minutos atrasado, que tal valorizar o esforço dele em fazer algo por você? A gente acaba focando tanto o que falta e nos esquecemos de valorizar o que temos de bom. Ninguém é obrigado a nada, mas quando fazem algo por nós, é porque querem nos ver felizes.

Então, se ele traz um copo d'água, se ele diz "eu te amo", se ele a leva para jantar, não deixe isso se tornar "comum" a ponto de você não valorizar mais. Temos que parar de focar só os aspectos negativos e começar a reconhecer e agradecer mais pelo que temos de bom no parceiro. Porque, no fundo, não temos medo da nossa sombra, mas sim do nosso próprio brilho.

Eu já estive nesse lugar, já fui essa pessoa que só sabia criticar e destruí um relacionamento por causa disso. Mas com o André, eu aprendi, mudei e é por isso que consigo passar essas lições para vocês. *O elogio ensina, a crítica só distancia*. Então, vamos tentar segurar os adjetivos e focar mais construir do que destruir.

HÁBITO 7: FALAR A LINGUAGEM DE AMOR DO PARCEIRO

Bem, vamos falar do hábito de conquistar todos os dias, com a linguagem de amor da outra pessoa.

Mas, o que isso quer dizer? Basicamente, cada um de nós expressa e recebe amor de maneiras diferentes.

As *Cinco Linguagens do Amor* são conceitos desenvolvidos por Gary Chapman, conceitos que descrevem as maneiras pelas quais as pessoas expressam e recebem amor. Segundo Chapman, cada pessoa tem uma linguagem de amor primária que fala mais diretamente ao seu coração. Compreender e aplicar essas linguagens pode fortalecer e aprofundar a conexão em qualquer relacionamento amoroso. Aqui está um breve resumo de cada uma.

- **Palavras de afirmação:** essa linguagem usa palavras para afirmar a outra pessoa. Complementos, palavras de apreciação e mensagens de texto encorajadoras são todos exemplos de palavras de afirmação. Para pessoas que valorizam esta linguagem, ouvir o parceiro dizer "Eu te amo", receber elogios ou ouvir que suas ações são apreciadas pode ser extremamente poderoso e nutridor.
- **Atos de serviço:** qualquer coisa que você faça para aliviar o fardo das responsabilidades de outra pessoa é considerado

um ato de serviço. Pode ser algo como fazer o jantar, lavar a louça, cortar a grama ou trocar as fraldas do bebê. Quando esses atos são feitos com positividade e sem a expectativa de recompensa, as pessoas que se identificam com essa linguagem sentem-se amadas e cuidadas.

- **Recebimento de presentes:** para algumas pessoas, o que as faz sentir mais amadas é receber um presente visualmente simbólico de amor. Não precisa ser caro nem extravagante; é o pensamento e o esforço por trás do presente que são mais importantes. Pode ser tão simples quanto uma pedra encontrada durante uma caminhada ou um livro que o parceiro queria ler, mas que serve como um lembrete físico de amor.
- **Tempo de qualidade:** significa dar ao seu parceiro sua atenção exclusiva. Isso inclui tempo passado juntos durante o qual o parceiro se sente valorizado e importante. Pode significar ter conversas profundas, fazer uma atividade juntos que ambos gostem ou simplesmente estar na companhia um do outro sem interrupções ou distrações.
- **Toque físico:** para pessoas com essa linguagem de amor, nada fala mais profundamente do que o toque físico apropriado. Seja um abraço, um beijo, segurar as mãos ou um carinho nas costas, o toque físico pode transmitir amor e carinho de forma profunda e consolidar a conexão entre os parceiros.

Por exemplo, eu, Larissa, demonstro amor através de atos de serviço. Faço várias coisinhas pelo André no dia a dia e adoro quando ele faz o mesmo por mim. Mas ele expressa amor de outra forma, com carinho físico e palavras de afirmação, que não era bem o que eu fazia.

Quando descobrimos nossas linguagens de amor diferentes, começamos a nos esforçar mais para atender às necessidades um do outro.

Recentemente, em uma sessão com um casal, discutimos exatamente isso. Ela mencionou a importância de receber elogios para se sentir amada, algo que ele, naturalmente mais reservado, não costumava fazer. Isso demonstra como a falta de expressão na linguagem de amor do parceiro pode fazer com que não nos sintamos totalmente amados, mesmo quando o outro está tentando à sua maneira.

Entender e praticar a linguagem de amor do seu parceiro é essencial. Não é só porque você está na posição de namorado(a), marido ou esposa que o relacionamento está garantido. É um privilégio estar com a outra pessoa e esse reconhecimento deve nos motivar a nutrir o relacionamento diariamente, fazendo o melhor pelo outro sem nos esquecermos de nós mesmas.

Então, lembre-se de conquistar seu amor todos os dias. Se ele se sente amado com elogios, elogie. Se presentes são a sua linguagem, dê presentes. Se é qualidade de tempo juntos, planeje momentos especiais. Reconheça o privilégio de estar junto e faça desse reconhecimento a base para nutrir e fortalecer sua relação a cada novo dia.

HÁBITO 8: PRATICAR A HONESTIDADE PLENA

Vamos para o oitavo hábito, que é fundamental: ser honesto, mesmo quando a verdade pode machucar.

Em geral, temos a tendência de esconder coisas, seja por medo da reação do outro ou porque pensamos "ah, ele vai ficar chateado", ou "ah, ele é muito ciumento, melhor não contar". Mas é essencial falar a verdade, mesmo que ela possa doer. A verdade tem o poder de libertar. É crucial ser transparente um com o outro, compartilhar até os segredos mais profundos. Mentiras e segredos não têm lugar em um relacionamento saudável; eles só servem para corroer a confiança.

Se a preocupação é com os ciúmes e a possível briga, isso é algo que ambos precisam enfrentar e superar juntos. Se há ciúmes ou medo de ser honesto, isso indica que o relacionamento está enfrentando problemas que precisam ser abordados. Ignorar o problema só fará com que ele cresça.

Viver na ilusão, pensando que não saber certas coisas é uma forma de liberdade, é um engano. A pessoa acaba vivendo uma fantasia, não a realidade. Então, incentive sempre a honestidade no relacionamento. Eu mesma vivi isso com o André, que uma vez mentiu sobre ter ido direto do trabalho para casa, mas na verdade tinha parado num churrasco com amigos. Na época, eu era muito controladora e ciumenta, querendo toda a atenção para mim.

Quando ele finalmente confessou, foi um momento importante para nós dois. Me fez perceber que não queria que ele tivesse medo de ser honesto comigo. Queríamos construir um relacionamento em que ambos pudessem ter sua liberdade, sem medo de represálias. Foi um ponto de virada, nos ajudando a fortalecer nossa relação.

Portanto, fale sempre a verdade. A honestidade é a base para um relacionamento forte e especial. E lembre-se: se há medo de ser honesto, é sinal de que há questões maiores a serem trabalhadas juntos.

HÁBITO 9: A ARTE DE FALAR GENTILMENTE

Trate a pessoa com quem você está com a mesma delicadeza que você trataria alguém que acabou de conhecer. É curioso como, com o tempo, começamos a tratar nossos parceiros com menos cuidado, quase como se fossem nossos pais, esperando amor incondicional deles, não importa como agimos. Lembro que, na adolescência, eu testava os limites com minha mãe, sabendo que ela estaria lá por mim, não importava para o quê. Mas com o seu parceiro, se você está testando o amor dele com atitudes infantis, você está errada.

Se você fala com ele de forma dura, querendo ver até onde ele pode ir, cuidado! Se ele realmente for embora, você poderá ficar em dúvida sobre o que aconteceu, mas a verdade é que você também teve sua parte nisso. Embora os homens também tenham os seus próprios desafios, as mulheres tendem a empurrar o parceiro para longe, movidas por inseguranças e medos de abandono.

Portanto, lembre-se de que ter o parceiro na sua vida é um presente, e ele escolhe você todos os dias. Valorize isso.

Você não seria rude com um desconhecido ou um novo amigo, porque sabe que isso afastaria a pessoa. Então, por que acha que pode falar de qualquer jeito com seu parceiro? Não estou me referindo aos dias ruins que todos temos, mas àqueles comportamentos constantes de rispidez e grosseria.

No Vida de Rainha, ensinamos que uma Rainha fala com poesia, refletindo a doçura e gentileza da energia feminina equilibrada. Em casa, sou apenas a esposa do meu marido, e com ele, eu mudo meu tom. Convido, seduzo, e criamos juntos uma dança de relacionamento com amor e equilíbrio.

Portanto, aprenda a comunicar-se com gentileza e amor, evitando estressar ou afastar seu parceiro com palavras duras.

HÁBITO 10: SABER A HORA DE ESFRIAR A CABEÇA

O hábito número dez é um pouco diferente do que você costuma ouvir: a questão de dormir brigados.

Vou ser sincera aqui: não vou dizer que é regra nunca dormir brigado com seu parceiro. Apesar de ser um conselho popular, já se tornou piada de humorista dizer que ficou 48 horas acordado para evitar dormir brigado. A realidade é que nem todo mundo sabe lidar com suas emoções na hora da tensão. Por isso, no Vida de Rainha, eu ensino técnicas para você se acalmar e controlar seus sentimentos, porque vamos combinar: nem sempre é fácil!

Ir dormir enquanto as emoções estão quentes pode ser uma boa opção, porque se você der um tempo, sua mente esfriará, as emoções desacelerarão naturalmente, sem precisar de nenhuma técnica especial. Você acordará mais tranquila, pronta para conversar e resolver as coisas de cabeça fria.

Então, um conselho de ouro: nunca comece uma discussão de relação tarde da noite. Àquela hora, nós estamos no limite, sem energia para lidar com as emoções de forma equilibrada. Só coisas ruins poderão ser esperadas tarde da noite, especialmente se tiver álcool envolvido. Discutir bêbados, então, nem se fala! É pedir que o problema invada o seu relacionamento.

Se puder, dê um tempo, algumas horas, ou até durma e deixe para conversar no dia seguinte, desde que não deixe isso para lá quando começar o novo dia. Todo Rei e Rainha sabem a importância de se acalmar antes de enfrentar conversas difíceis. Bater cabeça no calor do momento não resolve nada.

ESTRATÉGIA 7

CONSELHOS QUE EU DARIA PARA A MINHA FILHA — A ROTA DA FELICIDADE NO RELACIONAMENTO

Os ensinamentos que estou prestes a compartilhar com vocês são aqueles que eu adoraria ter recebido da minha mãe sobre relacionamentos e que certamente transmitirei aos meus filhos quando estiverem mais velhos.

Imaginem um mundo onde essas lições fossem um legado familiar, adotadas por todos. Teríamos menos conflitos e nossas relações seriam repletas de paixão e companheirismo, e o almejado "felizes para sempre" seria uma realidade comum.

MEU REINO NÃO PRECISA SER INIMIGO DO SEU

Observo muitos casais que se desentendem frequentemente, diariamente até, por motivos triviais — seja por não lavar a louça do jeito esperado, por não demonstrar afeto suficiente em um encontro social ou por responder de maneira áspera em um dia ruim. Esses conflitos, muitas vezes, surgem de nossas "máscaras de sobrevivência", como mencionei. Essas máscaras são nossas defesas contra possíveis ofensas à nossa essência, críticas, e a tendência de apontar o dedo para o outro.

É importante reconhecer que nosso parceiro representa um universo completamente novo e distinto. Um universo único e exclusivo. Precisamos praticar a empatia com essa pessoa incrível, repleta de qualidades singulares, que escolheu compartilhar a vida conosco. Quando nos fixamos apenas nos defeitos e nas falhas, estamos ignorando a abundância e as oportunidades de aprendizado que a presença dessa pessoa em nossa vida nos oferece.

Os relacionamentos atuam como verdadeiras escolas de vida. Tomem como exemplo o André, meu esposo, que me ensina a encarar as atividades com mais tranquilidade e a buscar a excelência. Eu, por outro lado, tenho a tendência de fazer tudo de forma acelerada, buscando otimizar meu tempo ao máximo. André me mostra que, ao dedicar tempo e cuidado às tarefas, o resultado tende a ser excepcional.

Isso não quer dizer que um execute tarefas melhor ou pior do que o outro, mas que somos diferentes. E é através dessas diferenças que podemos crescer juntos, aprendendo um com o outro.

Os relacionamentos são caminhos poderosos para a evolução pessoal, sendo que nossas irritações e desconfortos mútuos muitas vezes refletem questões internas que precisamos resolver. É importante lembrar que o outro não é o culpado pelos nossos sentimentos de desconforto.

Há momentos em que perdemos o controle, dizendo coisas horríveis ao nosso parceiro, elevando a voz ou proferindo insultos, acreditando que ele, de alguma forma, merece essa reação, e que de algum modo provocou isso. Porém, é essencial lembrar que ninguém deve ser transformado em nosso alvo de frustrações. Ninguém merece ser tratado dessa maneira. Não temos o direito de maltratar alguém, especialmente se essa pessoa é nosso parceiro.

Convido você a visualizar uma cena: você está à mesa, jantando com seu parceiro, e, em meio a uma discussão, o garçom se aproxima. Nesse instante, não é verdade que você imediatamente modera o tom de voz e simula que tudo está bem entre vocês? Oferece um sorriso ao garçom, fazendo parecer que estavam apenas discutindo trivialidades? Isso demonstra que temos a capacidade de nos controlar diante dos outros e essa mesma habilidade deve ser aplicada em nossas interações com o parceiro.

Mas muitas vezes optamos por descontar nele nossas frustrações e mostrar nosso pior lado, sob a falsa crença de que ele, por ser nosso parceiro, deve suportar o nosso modo de agir. Mas ele não é nem seu pai nem sua mãe; não tem a obrigação de tolerar comportamentos destrutivos ou aturar constantes irritações. Ele fez a escolha de estar ao seu lado todos os dias, mas essa escolha pode mudar, dependendo de como ele é tratado.

Como mencionei, você desempenha um papel crucial no empoderamento do seu parceiro. Ao diminuí-lo, mais ele tenderá a comportar-se de maneira infantil. Quanto mais você se concentrar nos aspectos negativos, quanto mais reclamar sobre o que não está bom, mais alimentará um ambiente de crítica, competição e descontentamento.

Ao direcionar sua atenção para as qualidades do outro e para o que vocês podem edificar juntos, naturalmente as coisas começarão melhorar. Esse enfoque criará um reino onde a prosperidade mútua florescerá.

É evidente que há defeitos desagradáveis e desconfortáveis que ambos precisam enfrentar. No entanto, é comum nos concentrarmos nos defeitos do outro sem considerar verdadeiramente nossas próprias falhas e como podemos lidar com elas dentro da relação.

Eu aconselharia minha filha a dar menos importância ao que falta no outro e a valorizar mais o que ele tem a oferecer. Essa é a essência da beleza da vida: quando nos concentramos no que já possuímos, estamos abertos para receber ainda mais. Portanto, permita que seu parceiro seja autêntico, pois isso também lhe dará espaço para ser você mesma.

E, é claro, quando se deparar com situações inaceitáveis no relacionamento, uma pessoa madura saberá estabelecer limites. Ela comunicará de forma firme o que não se alinhar com seus valores, embora, na maioria das vezes, o comportamento do outro seja simplesmente uma expressão de sua essência, educação, religião, cultura e experiências de vida.

Raramente alguém age com a intenção deliberada de ferir. Muitas vezes, as pessoas agem de maneira inconsciente, sem perceber o impacto de suas ações. Acreditar que alguém está agindo com o intuito de magoar, prejudicar, sobrecarregar ou demonstrar desgosto é equivocado na maioria das vezes. Cerca de 95% das vezes, as ações são inconscientes, enquanto apenas 5% podem ser atribuídas a intenções maliciosas.

As pessoas também são influenciadas por suas próprias questões internas e frequentemente agem sem perceber que suas ações podem não ser construtivas, assim como você. Se você deseja cultivar um lar onde o amor, a paz e a reconciliação floresçam, é essencial compreender que se trata mais de dar do que de receber. Claro, receber é importante, mas isso só acontece quando você está disposto a dar primeiro.

Então, gostaria que você começasse a perceber no seu cotidiano, seus momentos de autoritarismo e os anotasse em um caderno. Já notou quando se sente incomodada, desejando que tudo ocorra do seu jeito? Registre essas pequenas imposições e os sentimentos que elas despertam em você. Mantenha sempre esse caderno à mão, pois isso lhe permitirá questionar-se verdadeiramente sobre o impacto dessas situações.

Com o passar do tempo, e com uma visão mais tranquila sobre esses incômodos, você poderá se perguntar se realmente são tão graves como parecem. Por exemplo, se seu marido deixou uma peça de roupa no chão e você sente que isso foi uma forma de ofensa, anote essa situação. Mais tarde, ao reler suas anotações, questione-se se isso realmente a fere profundamente ou se é apenas uma característica dele que você interpreta de forma equivocada. Talvez ele tenha crescido sem precisar se preocupar com isso, o que torna difícil para ele mudar essa rotina.

Uma coisa importante que você pode fazer quando perceber que está começando a se estressar com alguém é reconhecer que está prestes a expressar algo que não seria construtivo e buscar um momento para si mesma. Pode ser até mesmo no banheiro ou no seu quarto. Tire alguns instantes para respirar profundamente, inspirando pelo nariz e soltando pela boca, enquanto imagina relaxar e liberar a tensão. Concentre-se em abraçar sua criança interior, aquela que experimenta todas essas emoções e tende a se culpar e a culpar os outros.

Ao abraçar essa parte de si, você caminhará para se tornar uma mãe nutridora melhor para você e, portanto, não enxergar o outro como seu inimigo.

CUIDE DO OUTRO, MAS CUIDE DE VOCÊ PRIMEIRO

O que acontece comigo só me define se eu permitir. Da mesma forma, nossa história e tudo o que nos aconteceu só nos define se permitirmos que isso aconteça. Eu poderia ter crescido como uma mulher revoltada, permanecido assim, com raiva, estresse e insegurança, evitando perseguir meus próprios sonhos, sabotando minhas relações e com medo da maternidade. Poderia ter continuado a carregar todas essas questões, mas escolhi transformar os limões azedos da minha rotina em algo doce, construindo uma vida bonita em que nutro meus recursos.

Optei por enxergar o que aprendi de bom em meio às dificuldades. Há pessoas que se apegam às suas dores, alimentando o sofrimento.

É comum ouvir: "É tão triste viver essa realidade no meu relacionamento", "Minha sogra não gosta de mim, é tão triste", ou "Não conseguimos nos entender, é triste". Focar o negativo impede que enxerguemos as oportunidades de melhoria dentro de nós mesmas, como lidamos com o mundo e como nos sentimos por dentro.

Por isso é tão importante dar um novo significado a tudo que vivemos. Podemos olhar para nossa história e dizer: "Estou vivendo isso, mas estou no caminho para uma vida diferente. Hoje, decido viver de forma diferente".

Você pode refletir sobre seu passado e decidir fazer as coisas de maneira diferente, introduzindo uma nova dinâmica em seu sistema familiar.

A verdade é que a vida só começa quando você percebe que só tem uma chance de vivê-la. É importante lembrar que a vida é um presente, onde você tem a escolha diária de nutrir sentimentos de raiva, ressentimento e desesperança, ou de cuidar das partes feridas dentro de si, abordando suas questões internas para refletir isso externamente.

Muitas mulheres acabam se envolvendo em cuidar excessivamente do outro, tentando salvar namorados, maridos ou parceiros que podem não ter um bom emprego, lidam com ansiedade ou têm problemas com jogos ou excesso de tempo no celular. Nesses momentos, elas se concentram tanto em ajudar o outro que negligenciam suas próprias necessidades e questões.

A verdade
é que a vida só começa
quando você percebe
que só tem uma
chance de vivê-la.

É importante que você conheça a si e se concentre em sua própria jornada interior.

Lembre-se de que seu parceiro não deve ser visto como alguém responsável por resolver seus problemas. Pare de esperar que ele faça tudo por você, como te abraçar quando estiver aflita, enxugar suas lágrimas nos momentos de tristeza ou garantir sua felicidade nos dias difíceis.

Temos a tendência de pensar que o outro é responsável por resolver nossas vidas e nos fazer felizes. No entanto, a verdade é que já possuímos a felicidade dentro de nós mesmas. Ela já é uma parte de nós, e é por isso que o outro complementa essa felicidade.

A felicidade já existe dentro de você e é totalmente acessível. Ao focar as coisas que já temos, o amor que podemos nos dar diariamente, o processo de crescimento pessoal, a jornada da vida e como cada momento é especial simplesmente pelo fato de estarmos aqui, temos a oportunidade de fazer a diferença.

Portanto, a felicidade não está no parceiro ou nos filhos. Eles certamente contribuem para a nossa maior alegria e satisfação, mas se não cultivarmos essa felicidade interna, se não cuidarmos de nós mesmas, se não nos entregarmos a tudo o que já foi discutido neste livro, não conseguiremos viver uma vida leve e feliz em nossos relacionamentos.

Uma das fontes mais profundas dessa felicidade interna é o nosso relacionamento com Deus. É na presença d'Ele que encontramos direção, consolo e força para florescer em todas as áreas. Quando nos conectamos com esse amor, tudo ao redor ganha mais sentido e equilíbrio.

Não se limite. Viva a vida que nasceu para viver. Acredite que é possível alcançar essa felicidade. Dê o seu melhor e a vida vai retribuir da melhor forma possível.

SABER OUVIR É MAIS IMPORTANTE DO QUE SABER FALAR

Um dos maiores desafios nos relacionamentos é a falta de comunicação eficaz. Muitas vezes, cada parte está mais preocupada em ter razão e vencer a discussão do que em realmente ouvir e compreender o outro. Cada palavra do parceiro é interpretada como uma crítica ao nosso caráter e nossas ações, ao invés de ser vista como uma expressão genuína de sentimentos.

Nossa habilidade de comunicação muitas vezes é deficiente, levando as pessoas a adotarem um tom agressivo ou dramático ao expressarem seus pontos de vista. Essa situação é bastante comum e vou ilustrar para você através da história de Andressa (nome fictício), minha aluna no "Vida de Rainha", e sua dificuldade em se comunicar com seu namorado, Antônio Carlos.

Naquele dia, Andressa saiu de casa para mais um dia de trabalho. Sua vida era uma corrida constante, imersa numa rotina intensa de CLT numa empresa de comunicações. O estresse era habitual, alimentado pelo descontentamento com o trabalho e noites mal dormidas, passadas em frente ao celular em busca de alguma distração.

Apesar de tudo, no meio do dia, Andressa sempre encontrava um momento para verificar seu celular e responder a Antônio Carlos. Esse contato era muito importante para ela, mas às vezes ele simplesmente não respondia. A falta de comunicação só aumentava o ressentimento dentro dela.

À medida que o dia avançava, sua frustração crescia, dando lugar a pensamentos negativos. Quando Antônio Carlos finalmente ligou, às 20h, após um dia inteiro de silêncio, Andressa explodiu em acusações e reclamações: "Pô, Antônio Carlos! Você também, hein? Só agora, às 20h, você me ligou. O que você estava fazendo? Você estava me traindo? Você estava conversando com outra? O que estava fazendo que você não me respondeu, hein, Antônio Carlos? Mas isso é um absurdo. Todo dia você faz isso comigo! Você não me responde direito, você não fala comigo e desse jeito não dá. Eu estou de saco cheio disso".

Antônio Carlos, que ligou para desabafar com Andressa sobre o cansativo dia de trabalho, não conseguiu explicar que seu chefe o sobrecarregou com tarefas extras. Ao invés de encontrar compreensão, foi recebido com um dilúvio de insatisfações e críticas, refletindo o acumulado de frustrações de Andressa. Ela estava estressada com o trabalho, insatisfeita com seu corpo, ansiosa e usando o celular compulsivamente. E a ausência de resposta de Antônio Carlos durante o dia só aumentou seu descontentamento.

Ouvindo o desabafo em forma de crítica, ele ficou profundamente incomodado. Também estava exausto, após dias de intenso trabalho e pressão. E então, após uma discussão ao telefone, ele desligou na cara de Andressa, gerando ainda mais raiva e ressentimento entre eles. Trocaram mensagens acusatórias, palavras duras foram ditas de ambos os lados e a briga se estendeu por dias, deixando-os sem se falar. Até que, após dois dias de silêncio, um deles decidiu dar o primeiro passo e pediu desculpas.

Essa era uma dinâmica recorrente em seu relacionamento, em que as brigas se sucediam, seguidas por momentos de reconciliação. Era um ciclo que se repetia incessantemente, dia após dia.

Nessa dinâmica, foi evidente uma projeção de sentimentos por parte de Andressa. Ela não estava se sentindo bem consigo, insatisfeita com o trabalho e insegura no relacionamento. Todo esse desconforto foi descontado em Antônio Carlos sem sequer tentar entender o que estava acontecendo com ele. Por sua vez, ele também, perturbado e insatisfeito, não estava disposto a ouvir. Cada um utilizou as frustrações do dia como arma, levando-os a um ciclo de brigas e discussões sem fim.

Esse padrão é comum em relacionamentos, quando recorremos às nossas máscaras de defesa. A Andressa foi para "Tirana" e o Antônio Carlos, para o "Nevasca".

Como ela conseguiu transformar essa situação? Após participar do programa "Vida de Rainha", ela reconheceu que suas frustrações, na verdade, refletiam uma insatisfação interna com ela mesma. E, embora também reconhecesse que Antônio Carlos poderia ter se comunicado melhor, compreendeu que poderia ter agido de outra forma. Ela poderia ter respirado fundo e sido uma boa mãe nutridora para si mesma, escolhendo, talvez, tomar um banho relaxante, refletir e entender que o reino dela não é inimigo do reino de Antônio Carlos.

Ela poderia ter começado perguntando a ele como estava, o que tinha acontecido, dando-lhe o benefício da dúvida.

Ele, por sua vez, poderia ter explicado o que ocorreu. E, no final, ela poderia ter demonstrado compreensão, expressando a importância que tinha para ela receber uma mensagem durante o dia, mostrando-se mais madura na conversa, em que ambos assumiriam suas responsabilidades. Se Antônio Carlos tivesse pedido desculpas por não ter enviado mensagens durante o dia, tudo teria se resolvido.

Portanto, é por isso que os relacionamentos de hoje precisam urgentemente de maturidade, e que ambos possam agir de maneira adulta e consciente.

Lembre-se sempre, ao conversar com o outro, que ele não está tentando machucar você. Ele está apenas refletindo algo que não está bem dentro dele. Sempre expresse seus sentimentos sem apontar o dedo para o outro. Por exemplo, "Eu me sinto chateada quando você não manda mensagem para mim, mas sei que não é sua intenção". Tire a responsabilidade do outro pelas suas próprias ações. Proponha uma solução, pergunte como podem melhorar a comunicação dali para frente, e estabeleçam novos acordos.

Se aprenderem a falar sobre si mesmos, sobre seus próprios sentimentos, sem culpar o outro e a propor soluções para o relacionamento, a comunicação entre vocês vai melhorar significativamente.

As pessoas tendem a reagir com agressividade quando se sentem atacadas. Mas se, em vez disso, vocês se acolherem, tudo mudará. A conversa fluirá melhor, os acordos serão feitos de forma mais positiva.

RELACIONAMENTOS SÃO COMO UMA DANÇA

Na vida, sempre enfrentamos altos e baixos, momentos de euforia e felicidade, quando tudo parece estar dando certo, e momentos de reflexão, fracasso e dúvida. Isso é perfeitamente normal. Na verdade, os momentos de baixa são importantes para que possamos valorizar os momentos de alta e para nos prepararmos para eles.

O mesmo acontece nos relacionamentos. Às vezes um ou ambos os parceiros não estão em um bom lugar, e isso se reflete na relação. Portanto, é natural que haja momentos em que vocês estejam mais próximos e outros em que estejam mais distantes. Mas é essencial que esses momentos sejam raros.

O casal deve reservar um tempo uma vez por mês para discutir seus sentimentos, rever acordos e ajustar prioridades. Mas isso não deve se tornar uma constante. Se acontecer com muita frequência, pode ser um sinal de que estão projetando suas frustrações infantis um no outro. Assim, é importante ter esses momentos de ajuste, de olhar para a relação de forma séria, mas que sejam raros, não frequentes.

Um relacionamento é como uma dança delicada, em que às vezes um puxa um pouco para um lado e o outro responde, mudando de ritmo conforme necessário. Às vezes rápido, cheio de planos, e outras vezes mais devagar, quando estamos mais introspectivos. Isso é completamente normal.

Aqueles que resistem a essa dança, que se incomodam com ela, talvez não estejam prontos para se relacionar. A vida não é apenas felicidade o tempo todo; o cerne dela também são os aprendizados, o caminho, a jornada.

Para te dar uma compreensão mais profunda, vou compartilhar o caso de duas alunas minhas: Ana e Sandra (nomes fictícios).

Ana estava enfrentando um período muito desafiador na faculdade de medicina, com várias provas e pouco tempo para o relacionamento. Ela estava preocupada em passar nos exames e se tornar a médica dos seus sonhos, uma conquista que significava muito, especialmente para seu pai. A pressão e o estresse estavam no auge.

Seu namorado, um engenheiro já estabelecido, não entendia muito bem as dificuldades de Ana. Ele interpretava sua falta de tempo como falta de interesse nele, sentia-se rejeitado e cobrava mais atenção. As brigas eram frequentes, principalmente devido à rotina caótica que ela enfrentava nesse momento crucial da faculdade, algo que acreditava ser temporário, durando apenas até o término das provas.

No entanto, seu namorado não quis esperar. Ele preferiu interpretar a situação de maneira negativa, imaginando um futuro no qual Ana não estaria disponível para ele e decidindo que precisava de atenção total o tempo todo. Assim, ele terminou o relacionamento.

Ana ficou profundamente abalada e chorou muito. No entanto, eventualmente, encontrou seu final feliz. Ela cruzou o caminho de um homem incrível, um verdadeiro Rei em sua vida, que a valorizou e compreendeu a sua rotina. Atualmente, eles desfrutam de um relacionamento maravilhoso, em que aceitam que haverá momentos de maior presença e outros de maior ausência, mas juntos encontram maneiras de superar qualquer adversidade. No entanto, inicialmente, ela enfrentou uma tristeza profunda. Foi um período muito difícil para ela.

Agora, vamos à outra história, a de Sandra. Ela perdeu seu primo em um trágico acidente de carro. O peso da perda a abalou profundamente. Passou por um intenso período de luto, e seu namorado esteve ao seu lado em todos os momentos. Ele segurou sua mão, enxugou suas lágrimas e permaneceu ao seu lado durante as noites em que ela não conseguia dormir.

Um relacionamento
é como uma dança
delicada, em que às
vezes um puxa um
pouco para um lado
e o outro responde,
mudando de ritmo
conforme necessário.

Ela o viu presente no enterro, oferecendo todo o apoio que podia. Com palavras gentis, ele a confortava, repetindo: “Meu amor, essa fase vai passar, eu entendo”. Sandra mal conseguia retribuir um beijo, um olhar ou uma resposta, tamanho era seu pesar. Mas seu namorado compreendeu. Ele enxergou além da tristeza, reconhecendo que a vida reserva momentos difíceis e que, nessas horas, é crucial manter-se sereno e oferecer o apoio emocional necessário. E foi exatamente isso que ele fez.

Com o tempo, quando Sandra conseguiu respirar fora do luto e vislumbrar a vida com mais leveza, expressou sua profunda gratidão ao namorado. Ela jamais esqueceu o apoio que recebeu dele durante aquele período tão difícil. Hoje, estão noivos e prontos para embarcar na jornada do casamento, mais unidos e fortalecidos do que nunca, após superarem juntos um momento tão desafiador.

Então, com essas duas histórias, podemos perceber que há pessoas que desistem diante das adversidades, que não compreendem os altos e baixos da vida e, por consequência, têm dificuldades em manter relacionamentos duradouros.

Por outro lado, existem aqueles que estão cientes de que a vida é repleta desses desafios, que é preciso ter resiliência e paciência e que o amor deve ser entregue nos momentos difíceis. Para eles, isso faz parte da jornada e está tudo bem assim. Esse tipo de casal tende a construir uma vida feliz juntos, formar uma família amorosa e criar uma história inspiradora para compartilhar com as gerações futuras. É isso que desejo para você!

MENSAGEM FINAL

Chegar até aqui já mostra que existe uma Rainha dentro de você – uma mulher que não se conforma com menos do que merece e está pronta para viver a vida que nasceu para viver.

Mas ler este livro foi apenas o começo.

Agora é hora de dar o próximo passo rumo a uma transformação real, completa e definitiva.

O **Vida de Rainha (VR)** é o próximo passo para mulheres como você, que não aceitam mais viver presas aos mesmos padrões, sabotagens e repetições.

É um treinamento de autocura profundo e transformador, que combina as melhores técnicas da neurociência e do estudo da mente humana com a força das terapias sistêmicas para romper os bloqueios geracionais que te impedem de viver tudo o que nasceu para viver.

Tudo o que você aprendeu neste livro ganha vida dentro do VR. Você vai aprender, aplicar e transformar – de dentro para fora.

Vai se olhar no espelho com orgulho.

Vai se sentir segura no amor.

Vai parar de implorar por atenção – porque vai se tornar aquela mulher que inspira respeito, admiração e desejo.

O resultado?

Uma nova mulher: você mais magnética, confiante e próspera.

Se este livro tocou sua alma, o VR é o caminho para viver sua melhor versão.

E, por ter chegado até aqui, você merece algo especial: 20% de desconto na sua inscrição, exclusivamente para leitoras desta edição.

Acesse **www.larissatopper.com.br/7estrategias-vr** e preencha seus dados para entrar na lista de interessadas.

A minha equipe entrará em contato com você para explicar todos os detalhes dessa oferta especial.

Mas atenção, para garantir a melhor experiência e acompanhamento possíveis, as vagas do Vida de Rainha são limitadas. Quanto antes você entrar na lista, mais rápido receberá o nosso contato e maiores as suas chances de garantir uma vaga.

E lembre-se: você já se dedicou para chegar até aqui e já iniciou a sua transformação, não pare agora. Essa é a sua oportunidade de seguir para o próximo nível. A próxima etapa começa agora e eu estarei com você até o final.

Agradeço por ter me acompanhado até aqui.

Nos vemos no VR.

LARISSA TOPPER